Riccarda Pfeiffer
Philosophie und Systemtheorie

Riccarda Pfeiffer

Philosophie und Systemtheorie

Die Architektonik der Luhmannschen Theorie

Mit einem Geleitwort von Prof. Dr. Peter Fuchs

Springer Fachmedien Wiesbaden GmbH

Die Deutsche Bibliothek – CIP-Einheitsaufnahme

Pfeiffer, Riccarda:
Philosophie und Systemtheorie : die Architektonik der Luhmannschen Theorie /
Riccarda Pfeiffer. Mit einem Geleitw. von Peter Fuchs. –

(DUV : Sozialwissenschaft)
ISBN 978-3-8244-4292-8   ISBN 978-3-663-08853-0 (eBook)
DOI 10.1007/978-3-663-08853-0

http://www.duv.de

Gedruckt auf säurefreiem Papier

ISBN 978-3-8244-4292-8

Geleitwort

Worte davor, vor dem eigentlichen Text und geschrieben von jemandem, der diesen Text nicht geschrieben hat, sind, wie man sagt, Worte des Geleits. Sie haben die Funktion, das Publikum geneigt zu stimmen, mitunter auch: dem Text eine Autorität zu borgen, die er selbst nicht hat oder noch nicht hat. Das wäre die Funktion einer Beglaubigung ante rem, die Zustimmung eines Vorablesers, der dann etwas haben müßte wie die Berechtigung, sein *placet* zu erteilen, sein: So ist es in Ordnung, das paßt, das weicht nicht ab! – Und vorausgesetzt ist dann etwas, wovon man abweichen könnte, eine Richtschnur, eine regula, ein Kanon, irgendeine Orthodoxie.

Das Gefährliche dieses Vorwortes und dieses Geleits liegt darin, daß man eben dies wittern könnte. Schließlich geht es in dem Text um eine universal angesetzte Theorie, die soziologische Systemtheorie Niklas Luhmanns, für die gilt, daß sie nicht ganz leicht verstehbar ist und darum Irrtumsmöglichkeiten anhäuft, und für die ferner gilt, daß ihren Betreibern (wenn es nicht gerade um Luhmann selbst geht) sehr schnell Orthodoxie und Dogmatik vorgeworfen wird, ein beinhart verfochtenes Wissen um die richtige Interpretation, das Freud-Syndrom par excellence, umgelagert auf ein Schüler/Meister-Verhältnis, in dem der Meister locker spielt, indes die Hierophanten Zement ins Spiel schütten.

Dies abzustreiten, wäre sinnlos; man geriete ins Beteuern und würde das Gegenteil dessen auslösen, was durch beteuerndes Bestreiten intendiert wäre: nämlich die Vermehrung des Zweifels.

Ganz und gar sinnlos wäre es, wenn sich Vorwort und Geleit auf einen Text beziehen, der wie im vorliegenden Fall die strittige Theorie als Ganzes in den Blick nimmt und schon anfangs klarstellt, daß die Selbstbeschreibung der Form der Theorie (Labyrinth) nicht ausschließt, ihre Architektonik zu beobachten. Dazu gehört Mut, denn die Substitution der einen, der minotaurischen Metapher, die eine fadenförmige Problemlösung suggeriert, durch die Metapher der Architektonik, die klassisch und statisch zu sein scheint, ist, auf moderne Theorie bezogen, beinahe anachronistisch, allerdings nur, wenn man auch klassische Architektur vor Augen hat und nicht (wie Riccarda Pfeiffer) eine Architektur der Co-Konstitutivität aller terms oder, um es mit den Worten Spencer-Browns zu sagen: eine Form der *konditionierten Co-Produktion* in diesem Fall von Begriffen.

Die Autorin, die aus der Philosophie kommt, ersetzt aber nicht die eine Metapher durch die andere, sie macht nur klar, daß Labyrinthe *auch* Bauwerke sind, selbst dann, wenn man sie sich selbstbeweglich denkt, nicht als Mollusken, sondern durchaus in ihrem Changieren gelagert um Fixpunkte, Zentralbegriffe, Axiome, die nicht beliebig verschiebbar, nicht beliebig austauschbar sind. Es gibt auch in der Architektonik eines verschiebbaren Labyrinths technische Verpflichtungen (Konsistenzanforderungen), und sei es hier nur die Verpflichtung zum autologischen Rückschluß, zum Wiedereintritt der theorie-konstituierenden Bedingungen in sie selbst. Das ist identisch mit dem Festhalten der eigenen Kontingenz.

Vor allem aber gestattet es die Idee einer *Archi-tektonik* der Theorie trotz heterarcher Verhältnisse, die Idee einer ersten Grund-legung, die bescheiden einherkommt: Es gibt Systeme, weil es jemand sagt (so beobachtet), und dann nur noch feststellen kann (post festum), daß dieses Sagen selbst eine minimale Ontologie erzwingt: Es gibt Systeme, weil es jemand sagt.

Dieser Grund, von dem aus unterscheidungstheoretisch gestartet wird, ist kein *heiliger* Grund, eher ein primum movens, und aus meiner Sicht zugleich die Mitteilung, daß es um etwas geht und nicht um nichts. Riccarda Pfeiffer gelingt es, diese Markierung des *Um-etwas* durchzuführen, indem sie auf dem Hintergrund ihrer *archi-tektonischen Beobachtung* der Theorie zugleich deren Einordnung in das vornimmt, was philosophische Weltbeobachtung mit dieser Form der Theorie gemein hat. Der Sinn liegt darin, das Indiz einer Modernität zu finden, die mehr als nur eine Theorie mit verwandten figurativen oder topologischen Momenten austreibt. Dabei zeigt sich zugleich, worin sich, aus Sicht der Autorin, systemtheoretische und philosophische Konzeptionen in der Betrachtung der Moderne unterscheiden.

Ich jedenfalls (und damit will ich doch in die Falle des Geleitwortes gehen) stehe dazu, daß die Autorin in ihrem Text eine Lage präziser Reflexion erreicht, die jenem Ansinnen angemessen ist. Ich wünsche ihr und der Philosophie, daß sie Aufmerksamkeit abzweigen kann für dieses im besten Sinne exakte Büchlein, das – wundersam genug – auch noch klar geschrieben ist.

Peter Fuchs

Danksagung & Zueignung

Ich danke Herrn Prof. Dr. Peter Fuchs, der mir durch seine Aufgeschlossenheit und Diskussionsbereitschaft eine große Hilfe war, wann immer ich mich in der Selbstblindheit des Operierens verfangen fühlte.

Mein Dank gilt ebenso Herrn Prof. Dr. Dr. Claus-Artur Scheier, meinem philosophischen Lehrer. Von ihm konnte ich nicht zuletzt lernen, wie fruchtbar es ist, sich den geschichtlichen Ort eines Denkens über dessen Architektonik zu erschließen.

Dank gilt auch Ralf Beuthan und Tolga Kirschbaum als unermüdlichen und kritischen Lesern aller von mir produzierten Rohfassungen, Christof Uebbing für seine großmütige Unterstützung beim Durchsehen der Endfassung und Dr. Wolfgang Buschlinger, ohne dessen Hilfe beim Layout dieses Buch ganz gewiß weniger hübsch anzusehen wäre.

Widmen möchte ich dies Buch dem Andenken meiner Mutter, der ich so vieles verdanke.

Riccarda Pfeiffer

Inhalt

Leben ist für mich eine Versuchsstrecke und eine
Auseinandersetzung mit zufälligen Gegebenheiten
vor dem Hintergrund vieler anderer Möglichkeiten
und der Gewißheit eines ungewissen Endes.

(Dieter Wellershof)

1 Wer beobachtet wen? Zum Wie und Warum

Kontingenz, im Luhmannschen Sinn als die Verneinung von Notwendigkeit und Un-möglichkeit gefaßt,[1] ist eine spezifisch moderne Erfahrung, die zu begreifen ist aus dem Entzug des Grundes nach der Vollendung der Metaphysik.[2]

Daß Kontingenz gleichwohl keineswegs mit Beliebigkeit gleichzusetzen ist, hat für den philosophisch-ästhetischen Diskurs Wolfgang Welsch zu zeigen versucht.[3] Für den gesellschaftstheoretischen Diskurs macht sich – wiewohl in anderer Weise – Luhmanns Theorie selbstreferentieller Systeme anheischig, dies zu zeigen, indem sie ein begriffliches Instrumentarium bereitstellt, das es einerseits ermöglicht, analoge Strukturen in den verschiedenen gesellschaftlichen Funktionssystemen zu erkennen, die sich als nicht-beliebig (und nicht beliebig änderbar) erweisen. Andererseits aber trägt seine Theorie zugleich konzeptuell dem Umstand Rechnung, daß es keinen ausgezeichneten Beobachtungsstandpunkt mehr gibt, man also mit anderen Begrifflichkeiten und anderen Unterscheidungen anderes zu sehen bekäme.

Der verlorene 'archimedische Punkt', der die Überführbarkeit der verschiedenen Beobachtungsperspektiven hätte garantieren können, wird in seiner Theorie abgelöst durch ein „Beobachten zweiter Ordnung"[4], was zunächst einmal nichts anderes heißt, als daß man, will man wissen, wie sich für einen anderen Wirklichkeit konstruiert, be-

---

[1] Vgl. BeobdM, S. 96.
[2] Vgl. zum geschichtlichen Unterschied von metaphysischem und modernem Denken Claus-Artur Scheier, Die Sprache spricht. Heideggers Tautologien, insbes. S. 69ff.
[3] Vgl. Wolfgang Welsch, Unsere postmoderne Moderne – mit gelegentlichen Polemiken gegen einen weit verbreiteten, diffusen Postmodernismus, dessen Spielarten „von wissenschaftlichen Universal-Mixturen in Lacan-Derrida-Tunke bis zu aufgedrehten Beliebigkeits-Szenarien chicer Kulturmode" reichen (ebd., S. 2).
[4] Vgl. näher Kap. 1.1: Beobachten.

1

obachten muß, welche Unterscheidungen er zugrundelegt.[5] Mit dieser Maxime „Beobachte den Beobachter" ist gleichwohl kein privilegierter Standpunkt verbunden, weil natürlich auch der Beobachter zweiter Ordnung seinerseits von einem weiteren Beobachter beobachtet werden kann usw.

Die Notwendigkeit einer Gesellschaftstheorie im Modus der Beobachtung zweiter Ordnung ergibt sich für Luhmann aus der Struktur der modernen, funktional differenzierten Gesellschaft, die mit einem Verlust konkurrenzfreier Repräsentationsmöglichkeit, wie sie etwa im Falle hierarchischer Ordnung von der Spitze der Hierarchie wahrgenommen werden konnte, einhergeht:[6] Keines der funktionalen Teilsysteme kann einen Primat über die anderen Funktionssysteme behaupten, keines kann also eine gesamtgesellschaftlich *verbindliche* Selbstbeschreibung anfertigen. Zwar rekonstruiert jedes Funktionssystem faktisch die Gesamtgesellschaft (nämlich als Einheit von Funktionssystem und gesellschaftsinterner Umwelt), aber jede Beschreibung der Gesamtgesellschaft aus der Perspektive eines Funktionssystems kann von den anderen Funktionssystemen nicht übernommen werden, nicht zuletzt deshalb, weil die *konkreten* Operationsweisen der verschiedenen Funktionssysteme zu stark differieren.

Das wiederum heißt, daß eine Gesellschaftstheorie, die dieser Besonderheit der modernen Gesellschaft Rechnung tragen will, sich zum einen ihrem Gegenstand über eine Analyse der gesellschaftlichen Funktionssysteme zu nähern hat.[7] Hierzu bedarf sie einer hinreichend abstrakten allgemeinen Theorie des Sozialen, die es erlaubt, trotz aller konkreten sachlichen Differenzen vergleichbare Sachverhalte in den verschiedenen Funktionssystemen aufzuspüren und auf den Begriff zu bringen.[8] Zum anderen muß sie sich das wissenschaftstheoretische Rüstzeug erarbeiten, das es ihr erlaubt, sich Rechenschaft über den eigenen Beobachtungsstandpunkt zu geben: Wie ist es möglich, eine Theorie zu entwickeln, die – obgleich in einem funktionalen Teilsystem der Gesellschaft (nämlich der Wissenschaft und näher der Soziologie) entstanden – es erlaubt, die Gesamtgesellschaft zu beschreiben, obwohl dies nur innerhalb der Gesellschaft, als Vollzug von Kommunikation möglich ist?

Gegenüber den anderen Funktionssystemen der Gesellschaft kann sich die Soziologie als externer Beobachter gerieren, der nicht an die Selbstbeschreibungen der von

---

[5] Das Verhältnis von Konstruktion und Wirklichkeit wird uns in Kap. 3.1 (Erkenntnis und Wirklichkeit) näher beschäftigen.

[6] Vgl. etwa Luhmann, Tautologie und Paradoxie, S. 162, sowie ders., SozA 4, S. 34f. und 67f.

[7] Dem entsprechen bisherige Publikationen Luhmanns wie „Die Wirtschaft der Gesellschaft", „Die Wissenschaft der Gesellschaft", „Das Recht der Gesellschaft" etc. Im Mai 1997 ist dann, lang erwartet, „Die Gesellschaft der Gesellschaft" erschienen. Die fünf Hauptkapitel lauten: Gesellschaft als soziales System; Kommunikationsmedien; Evolution; Differenzierung; Selbstbeschreibungen.

[8] Seinen systemtheoretischen Zugang hat Luhmann erstmals 1984 im Ganzen skizziert in „Soziale Systeme. Grundriß einer allgemeinen Theorie"; seither wurde dieser theoretische Zugriff insbesondere bei der Beschreibung der verschiedenen Funktionssysteme erprobt und fortentwickelt.

ihr beobachteten Systeme gebunden ist, sondern eigene Unterscheidungen zugrunde legen kann. Im Falle der Gesellschaft überhaupt, definiert als das *umfassende* Sozialsystem *aller* Kommunikationen, kann die Soziologie, die sich wie alle sozialen Systeme auf der Grundlage von Kommunikation etabliert, offensichtlich keinen externen Standpunkt beziehen, denn was immer sie an Aussagen über ihren Gegenstand trifft, ist zugleich auch Vollzug von Gesellschaft und verändert dadurch den zu beschreibenden Gegenstand – ein erster Hinweis darauf, daß Beobachtungsverhältnisse dieser Art mit der Unterscheidung von Subjekt und Objekt nicht mehr adäquat zu erfassen sind (weil das 'Subjekt' Soziologie jederzeit ein Bestandteil seines 'Objekts' Gesellschaft ist). Die Theorie muß folglich derartigen selbstreferentiellen Verhältnissen Rechnung tragen können – sie muß „autologisch" gebaut sein, also von ihrem 'Gegenstand' auf sich selbst zurück schließen können.[9]

Was bedeuten nun diese einleitenden Bemerkungen zur Luhmannschen Systemtheorie für die Konzeption dieses Buches?

Das außerordentlich umfangreiche und thematisch breit streuende 'work in progress' Luhmanns[10] läßt einen inhaltlich-thematischen Zugang nicht sinnvoll erscheinen.[11] Vielmehr gilt das Interesse, wie schon der Titel anzeigt, vornehmlich der Architektonik dieser Theorie, und die zu ihrem Verständnis unabdingbaren Begriffe bzw. Begriffsverhältnisse sollen detailliert erarbeitet werden. Eine Schlüsselstellung kommt dabei der „Beobachtung" bzw. dem Verhältnis von Beobachtung und Operation zu. Die Darstellung und Diskussion wichtiger Grundbegriffe der Theorie wird aufgelockert und erweitert durch mehrere Intermezzi, in denen weitergehende Fragestellungen erörtert werden.

---

[9] Vgl. hierzu Luhmann, „Was ist der Fall?" und „Was steckt dahinter?", insbes. S. 18ff.

[10] Allein die Buchproduktion zählt nach Abzug von Mehrfachveröffentlichungen mehr als 9800 Druckseiten seit 1964 – so Reese-Schäfer, Luhmann zur Einführung, S. 178. Die thematische Breite entspricht dem Anspruch, eine fachuniversale Theorie entworfen zu haben, umfaßt also neben zahlreichen Einzelstudien Veröffentlichungen zu Verwaltung und Organisationen sowie Studien zu den verschiedenen Funktionssystemen der Gesellschaft (Politik, Wirtschaft, Wissenschaft, Recht, Kunst, Religion etc.).

[11] Nicht behandelt werden also seine Analysen einzelner Funktionssysteme der Gesellschaft. Damit entfällt auch eine Darstellung und Diskussion der symbolisch generalisierten Kommunikationsmedien; vgl. hierzu Künzler, Medien und Gesellschaft, sowie ders., Grundlagenprobleme und Luhmanns Replik, Sprache und Kommunikationsmedien. – Eine Lösung dieser Grundlagenprobleme zeichnet sich durch die hoch abstrakte Reformulierung der Medien- wie der Kommunikationstheorie auf unterscheidungstheoretischer Grundlage ab (vgl. in diesem Sinne die Bestimmung von Sprache und symbolisch generalisierten Kommunikationsmedien in WissdG). Diese unterscheidungstheoretische Grundlage, die sich Luhmann durch die Rezeption der Arbeiten George Spencer Browns geschaffen hat, ermöglicht auch die Integration der bislang unverbundenen, wiewohl sich wechselseitig voraussetzenden Theorie-Teilstücke, nämlich der Theorie der symbolisch generalisierten Kommunikationsmedien, der Theorie der Systemdifferenzierung und der Evolutionstheorie. – Vgl. zu eben dieser Dreigliedrigkeit Scholz, Freiheit als Indifferenz, S. 62ff., und Kleger, Lebenswelten und Systeme, S. 190ff., sowie neuerdings GdG, S. 1137f.

Diese Absicht, der Luhmannschen Theorie eine Architektonik abzugewinnen, versteht sich nicht von selbst – sie steht nämlich im Gegensatz zum erklärten Selbstverständnis Luhmanns wie auch zur Auffassung des wissenschaftlichen Diskurses, wonach die Anlage der Theorie einem Labyrinth gleiche.[12] Dagegen sei als Bedenken hier nur eine ästhetische Überlegung vorgetragen: Kann ein Labyrinth elegant sein? Oder nur und bestenfalls grandios in seiner Unübersichtlichkeit? Denn dies, die Eleganz, ist das zweite Epitheton der Luhmannschen Systemtheorie. Und noch ein Bedenken: Es wird gelegentlich geäußert, die Theorie könne auch in anderen Kapitelsequenzen aufgebaut werden, als dies etwa in „Soziale Systeme" geschehen ist, andere Begrifflichkeiten in den Vordergrund stellen, was für den Theoriestil wie auch für die Theorie selbst Konsequenzen hätte.[13] Das sei gar nicht bestritten; und dennoch muß es ein 'Gemeinsames' geben, denn wie sonst könnte man von Veränderungen im Theorie*stil* reden bzw. eine durch solche Umstellungen, solche Umarrangements veränderte Theorie noch als 'diese Theorie' wiedererkennen?

Der in diesem Sinne systematisierende Zugriff auf die Luhmannsche Theorie soll ihr Verständnis 'in nuce' ermöglichen und so zugleich ihre Berührungspunkte mit anderen Diskursen markieren. Besondere Aufmerksamkeit gilt dabei erkennntnistheoretischen Fragestellungen, wie sie etwa im sogenannten Radikalen Konstruktivismus und in der jüngeren französischen Philosophie diskutiert werden. Gleichwohl werden sich auch immer wieder Ausblicke auf den zeitgenössischen gesellschaftstheoretischen Diskurs ergeben.

Die hier vorgelegte Untersuchung verfolgt also ein doppeltes Ziel: Zum einen soll über die Darstellung der erkenntnistheoretischen Grundlagen der Theorie ihre Architektonik herausgearbeitet werden. Dadurch ist deutlicher zu sehen, was die Besonderheit dieser Theorie ausmacht und inwiefern sie sich als operational-konstruktivistische Theorie von anderen konstruktivistischen Ansätzen unterscheidet. Zum anderen wird es über die Klärung der Architektonik möglich sein, Nähe und Differenz der Systemtheorie zu zeitgenössischen philosophischen Konzeptionen (insbesondere zu derjenigen Lyotards) aufzuzeigen. Die Klärung dieses Verhältnisses von Systemtheorie und Philosophie ist deshalb von Interesse, weil unmittelbar nur deren Gemeinsamkeit auffällt, nämlich das Wissen um die Unterscheidungsabhängigkeit und Dekonstruierbarkeit aller Beobachtungen. Die Untersuchung zielt also des Näheren darauf, worin sich Systemtheorie und Philosophie möglicherweise unterscheiden. Dabei gilt es, die Systemtheorie nicht 'von außen her' (gewissermaßen mit einer 'philosophischen Brille')

---

12 Vgl. etwa SoSy. S. 14. und Soentgen, Der Bau: Betrachtungen zu einer Metapher der Luhmannschen Systemtheorie.

13 Vgl. entsprechend SoSy. S. 14 und Luhmann, Sthenographie, S. 135. (Der Titel ist nicht falsch geschrieben – N.L. bezieht sich in seinem Aufsatz, der von verschiedenen Formen des Umgangs mit Paradoxien handelt. vielmehr auf zwei der drei Gorgonenschwestern, Stheno und Euryale, die im Unterschied zu Medusa unsterblich sind).

zu betrachten, sondern sie auf der Höhe ihrer eigenen Reflexion zu untersuchen und so das Verhältnis zur Philosophie zu präzisieren.

Infolge der Fokussierung dieses Vorhabens, das die Frage nach der Architektonik der Luhmannschen Theorie mit derjenigen nach ihrem Verhältnis zur Philosophie verbindet, kann hier kein vollständiger Überblick über Luhmanns allgemeine Theorie des Sozialen gegeben werden – nur wenige der Bestimmungen, wie sie etwa in „Soziale Systeme" entfaltet werden, können also referiert werden. Ebenso entfällt bei der Konzentration auf die Architektonik der Luhmannschen Theorie sowohl die Darstellung der historischen Entwicklung des Luhmannschen Denkens[14] als auch eine Darstellung der wichtigsten Quellen für diese Entwicklung und ihrer spezifischen Rezeption durch Luhmann.[15]

Die Selektivität meines Vorgehens ist in gewissem Umfang auch der spezifischen Anlage der Luhmannschen Theorie geschuldet, deren Begriffe „co-konstitutiv" sind, sich also hinsichtlich ihrer Bedeutung in vollem Umfang wechselseitig voraussetzen. Diese Co-Konstitutivität hat zur Folge, „daß die Nichtlinearität der Luhmannschen Theorie sich auf jeden Versuch, diese Theorie zu rekonstruieren, überträgt [...]. Es gibt daher [...] auch keine wirklich gelungene Rekonstruktion der Theorie Luhmanns. Sie zwingt vielmehr jeder Auseinandersetzung in extremer Weise das auf, was sie selbst thematisiert: Reduktion von Komplexität."[16]

So wird die Darstellung Vor- und Rückgriffe erfordern, und gerade zu Beginn wird mancher Sachverhalt verkürzt werden müssen mittels 'Ist'-Aussagen, obwohl eigentlich identifizierend-ontologisierende Erklärungen nicht angemessen bzw. falsch sind: „Alles muß über Unterscheidungen abgewickelt werden, und eine Erklärung argumentiert von Differenz zu Differenz."[17]

---

[14] Etwa: im Abstoß von der Parsonsschen strukturell-funktionalen zur funktional-strukturellen Systemtheorie und von dort zur Theorie autopoietischer Systeme; Überblicke dieser Art finden sich bei Obermeier, Zweck – Funktion – System, sowie bei Kneer/Nassehi, Niklas Luhmanns Theorie Theorie sozialer Systeme, und bei Scholz, Freiheit als Indifferenz.

[15] Die wichtigsten Quellen sind, neben den Arbeiten von Heinz von Foerster und neben den Heiderschen Überlegungen zum Thema 'Medium', das Autopoiesis-Konzept, wie es von Maturana und Varela (vgl. dies., Der Baum der Erkenntnis) entwickelt wurde, und der mathematische Kalkül von George Spencer Brown (ders., Laws of Form). Darstellungen zur spezifischen Rezeption des Autopoiesis-Konzeptes durch Luhmann finden sich bei Bendel, Selbstreferenz, Koordination und gesellschaftliche Steuerung, und bei Baecker, Information und Risiko in der Marktwirtschaft (S. 224f.); vgl. zur Rezeption der Arbeiten von Spencer Brown durch Luhmann die Darstellungen bei Esposito, Ein zweiwertiger nicht-selbständiger Kalkül, und bei Simon, Mathematik und Erkenntnis.

[16] Meuter, Narrative Identität, S. 33, Fußnote 11; von ihm stammt auch der oben zitierte Begriff co-konstitutiv (ebd.).

[17] WissdG, S. 65.

5

1.1 Beobachten

Als Beobachtung bezeichnet Luhmann eine Operation, die eine Unterscheidung verwendet, um etwas zu bezeichnen. D.h.: Die beobachtende Operation setzt eine Unterscheidung voraus, um eine Seite der Unterscheidung bezeichnen zu können; sie kann aber in dem Moment, wo sie unterscheidet-und-bezeichnet, weder die andere Seite der Unterscheidung noch die Unterscheidung als solche, die sie benutzt, bezeichnen. Die beim Beobachten benutzte Unterscheidung wird also „blind" eingesetzt, ist im Moment ihres operativen Gebrauchs unbeobachtbar, denn die beiden Seiten der Unterscheidung sind zwar gleichzeitig gegeben oder vorausgesetzt, können aber nicht zugleich benannt werden.

Die Operation des Beobachtens involviert Zeit, und zwar sowohl, wenn auf die andere Seite der Unterscheidung gewechselt wird, um dort weitere Operationen anzuschließen, als auch, wenn die Unterscheidung selbst als Einheit benannt werden soll, was dann den Einsatz einer weiteren Unterscheidung erfordert. Für die im letzteren Fall statthabende „Beobachtung zweiter Ordnung" gilt m.m. das oben Gesagte: Zwar kann sie die Unterscheidung, die die Beobachtung erster Ordnung blind verwendet hatte, bezeichnen, aber die zu dieser Bezeichnung erforderliche eigene Unterscheidung bleibt ihr im Moment des Beobachtens unzugänglich. Hinsichtlich ihrer eigenen Realisierung (also in bezug auf die Unterscheidung, die die Beobachtung zweiter Ordnung verwenden muß, um die von der Beobachtung erster Ordnung benutzte Unterscheidung bezeichnen zu können) bleibt also auch eine Beobachtung zweiter Ordnung jederzeit blind. Jede Beobachtung zweiter Ordnung ist also zugleich auch eine Beobachtung erster Ordnung.

Der Gewinn einer Beobachtung zweiter Ordnung (sei es durch denselben Beobachter zu einem späteren Zeitpunkt, sei es durch einen anderen Beobachter) besteht darin, daß sie über das hinaus, was der andere sieht (sein Bezeichnetes), erkennen läßt, was der andere nicht sieht (nämlich die andere Seite der Unterscheidung sowie die Unterscheidung selbst) und *daß* der andere nicht sehen kann, was er nicht sehen kann. Die Beobachtung zweiter Ordnung lenkt also den Blick darauf, *wie* die Beobachtung erster Ordnung zu dem von ihr bezeichneten Etwas kommt: nämlich vermittels einer Unterscheidung, die der Beobachtung erster Ordnung uno actu unzugänglich bleibt, weil sie nur 'blind' verwendet werden kann.

Diese konkrete Erkenntnis der Beobachtung zweiter Ordnung (daß sie nämlich nun ihrerseits die zuvor blind verwendete Unterscheidung bezeichnen kann) mag überdies für eine weitere Beobachtung zum Anlaß werden, den „autologischen Schluß"[18] zu ziehen: daß auch sie selbst, ja daß jede Beobachtung einen blinden Fleck hat, weil sie

---

[18] KdG, S. 103.

eine Unterscheidung benutzen muß, um etwas bezeichnen zu können, ohne sich im Moment der Beobachtung über die verwendete Unterscheidung Rechenschaft geben zu können.

Man kann dieser Beobachtung, die den „autologischen Schluß" zieht, die Bezeichnung „Beobachtung dritter Ordnung" geben. Diese terminologische Differenzierung findet sich keineswegs in allen Texten Luhmanns; oft wird, gerade in den früheren Texten, diese Möglichkeit des Zurückschließens auf das Wie des eigenen Beobachtens schon mit der Position der Beobachtung zweiter Ordnung verbunden. – M.E. trägt diese terminologische Differenzierung[19] dem Befund der Analyse der Funktionssysteme Rechnung, daß keineswegs jede Beobachtung zweiter Ordnung auch zu einem autologischen Rückschluß führt; stärker noch: daß in der modernen Gesellschaft ein Beobachten zweiter Ordnung weit verbreitet ist (so schließen sich alle Funktionssysteme operativ auf der Ebene der Beobachtung zweiter Ordnung), ohne daß daraus irgendein Rückschluß auf die Art des eigenen Beobachtens gezogen würde.

Beobachten als Unterscheiden-und-Bezeichnen ist also *eine* Operation,[20] denn etwas zu bezeichnen, was man nicht unterscheiden kann, macht keinen Sinn; entsprechend bliebe das bloße Unterscheiden unbestimmt, würde nicht zumindest eine der beiden Seiten der Unterscheidung als das Gemeinte bezeichnet – und sei es in der Weise, daß die andere Seite der Unterscheidung zunächst ganz unbestimmt bliebe, also in der Weise: „dies" (das Gemeinte) – „und nichts anderes" (das Nichtgemeinte). Die Operation (oder: der reale Vollzug) des Beobachtens wird also als ein 'Unterscheiden-und-Bezeichnen-in-einem-Zug' aufgefaßt.

Das heißt: „Als Operation kann das Beobachten vollzogen und als empirischer Vollzug beobachtet werden. Als Beobachtung ist es paradox."[21] – Und die Paradoxiehaftigkeit des Beobachtens liegt genau darin, daß das Beobachten als Unterscheiden-und-Bezeichnen auf der Unterscheidung von Unterscheidung und Bezeichnung beruht, also eine Zweiheit (Unterscheidung, Bezeichnung) als Einheit (Unterscheidung-und-Bezeichnung) benutzt, ohne sich über dies Implikationsverhältnis der Unterscheidung von Unterscheidung und Bezeichnung (also einer Unterscheidung, die in sich selbst wieder auftaucht als eine Seite der Unterschiedenen) Rechenschaft geben zu können. Eine Konsequenz dieses Unvermögens ist, daß man weder Anfang noch Ende seines

---

[19] Vgl. etwa KdG, S. 103 und S. 157. Vgl. zur Unterscheidung von Beobachtung zweiter und dritter Ordnung auch Esposito, Unlösbarkeit der Reflexionsprobleme.
Dieser terminologischen Differenzierung zwischen Beobachtung zweiter und dritter Ordnung korrespondiert eine weitere, später eingeführte Unterscheidung (meines Wissens erstmals in Luhmann, Die Realität der Massenmedien), nämlich die von operativer und kognitiver Schließung bzw. Autonomie (vgl. a.a.O., S. 206ff.).

[20] Ich paraphrasiere; vgl. entsprechend WissdG, S. 94f.

[21] WissdG, S. 95.

Beobachtens beobachten kann – denn beides würde eine weitere Unterscheidung erfordern, mit der man dann aber schon angefangen hätte bzw. nach dem Ende weitermachen würde.

So, wie sich das Implikationsverhältnis der Unterscheidung von Unterscheidung und Bezeichnung beim realen Vollzug einer Beobachtung entzieht, entzieht sich auch einem Beobachter im Moment seiner Beobachtung die Einheit der von ihm verwendeten Unterscheidung: „Jede Beobachtung braucht ihre Unterscheidung und also ihr Paradox der Identität des Differenten als ihren blinden Fleck, mit dessen Hilfe sie beobachten kann."[22]

Wenn dies also ein Grundproblem allen Beobachtens ist, kann das Interesse nunmehr allein den Wegen gelten, die herausführen aus dem Paradox, also möglichen 'Entparadoxierungsverfahren'. Das entscheidende Verfahren hatten wir bei der Definition des Beobachtens schon kennengelernt: Die strukturell gesehen im Modus der Gleichzeitigkeit gegebene Zwei-Seiten-Form Unterscheidung wird aktualisiert durch ein Nacheinander sequentieller Operationen, das Paradox der Selbigkeit des Unterschiedenen also temporal aufgelöst in eine (verborgene) „Gleichzeitigkeit des Nacheinander"[23]. Diese 'Entparadoxierung' vermittels sequentieller Operationen ist hinsichtlich ihres eigenen Geschehens blind, denn keine Operation, keine Beobachtung kann ja sich selbst beobachten. Erst durch Beobachtungen zweiter Ordnung kommt die Möglichkeit *alternativer* operationaler Entfaltungen in den Blick. Wie? Nun, die zunächst durch sequentielles Operieren invisibilisierten – im Sinne von: temporal aufgelösten – Paradoxien werden sichtbar gemacht, indem die zuvor operativ verwendete Unterscheidung auf ihre Einheit hin befragt wird und daraufhin die so sichtbar gewordene Paradoxie mit einer neuen Unterscheidung 'entfaltet' wird (bzw. die zuvor blind verwendete Unterscheidung nun von anderen möglichen Unterscheidungen unterschieden wird).

Mit derartigen 'hintereinandergestaffelten' und wechselseitig aufeinander bezogenen Beobachtungen zweiter Ordnung verbindet sich allein die Möglichkeit, „Latenzen und Einsichten zirkulieren zu lassen"[24]: „Zu sehen, was andere nicht sehen können (und dem anderen zu konzedieren, daß er nicht sehen kann, was er nicht sehen kann),' ist gewissermaßen der systematische Schlußstein der Erkenntnistheorie – das, was an die Stelle ihrer Begründung a priori tritt."[25] – Damit wird zugleich einsichtig, weshalb Luhmann Habermas' Hoffnung auf Konsens als Folge eines rationalen und verständigungsorientierten (statt: strategischen) Diskurses nicht teilen kann: Er würde „nur dazu

---

[22] Luhmann, Sthenographie, S. 123.
[23] Luhmann, Die Paradoxie der Form, S. 202.
[24] Luhmann, Sthenographie, S. 123.
[25] Luhmann, SozA 5, S. 49. – Der Realitätsgehalt des Erkennens zieht sich also bei Luhmann ganz auf die Operation des Beobachtens zusammen; vgl. hierzu näher Kapitel 3.1: Erkenntnis und Wirklichkeit.

führen, daß die auch dann unvermeidlichen Paradoxien für alle unsichtbar bleiben und bis auf weiteres."[26]

Es geht also bei allen 'Entparadoxierungsverfahren' nicht um die Beseitigung von Paradoxa;[27] das Interesse kann, vermittels des Beobachtens von Beobachtungen, nur dem Unterscheidungsgebrauch gelten und damit der möglichen Verschiebung von 'blinden Flecken' durch Wahl anderer Unterscheidungen.

Beide Möglichkeiten der Entparadoxierung (durch Temporalisierung bzw. soziale Sequentialisierung von Operationen) verweisen uns auf „Operationen" bzw. operierende Systeme. Denn auch die soziale Sequentialisierung von Operationen als ein Gefüge wechselseitig aufeinander bezogener Beobachtungen zweiter Ordnung ist 'im Kern' eine Temporalisierung, die allerdings – insofern eine Mehrzahl von Systemen involviert ist – sozial aktualisiert wird. Anders gesagt: Auch Beobachtungen sind immer Operationen, die nicht anders als sequentiell und im Moment ihrer Realisierung selbstblind ablaufen können.

Beide Aspekte, also das Operieren von Systemen und ihre Beobachtung[28], werden zusammengeschlossen in einer Theorie selbstreferentieller Systeme, die (mit Luhmanns Worten) auto-logisch gebaut ist, mithin in ihr als ihr eigener Gegenstand wieder auftaucht, indem sie nicht nur das Operieren von Systemen zu erfassen sucht, sondern zugleich auch alle ihre Aussagen auf sich selbst zurückbeziehen können muß.

Zunächst aber: Was sind Systeme?

---

[26] Luhmann, SozA 5, S. 49.

[27] Eine bekannte Form zur Vermeidung von Paradoxien besteht in der Konstruktion von Ebenenhierarchien, wie sie etwa die Logische Typenlehre von Whitehead und Russell vorsieht, der gemäß Aussagen unterschiedlichen logischen Typs nicht miteinander vermischt werden dürfen: Was immer die Gesamtheit einer Menge betrifft, darf nicht selbst Element dieser Menge sein (was nichts anderes heißt als: Ausschluß von Selbstreferenz). Mithin muß der Barbier, von dem unklar ist, ob er sich selbst rasiert oder nicht (wo er doch alle Männer im Dorf rasiert, selber im Dorf wohnt und schließlich als Barbier jemand ist, der andere rasiert), allein als Relation über der Menge der männlichen Dorfbewohner definiert werden, nämlich als 'rasiert andere' – freilich um den Preis, daß er, da er ja nicht zugleich Element der Menge sein darf, kein männlicher Dorfbewohner ist...

[28] Was nicht nur, wie oben angesprochen, die Beobachtung eines Systems durch ein anderes System meint, sondern ebenso das operierende Beobachten des beobachteten Systems (einschließlich seiner Selbstbeobachtung) umfaßt. Ferner ist jede Beobachtung nur als (real zu vollziehende bzw. vollzogene) Operation möglich – ich komme darauf zurück.

1.2 Systeme und Systemtheorie

Eine allgemeine Systemtheorie hätte als 'Anwendungsbereich' zwischen Maschinen, Organismen, sozialen und psychischen Systemen zu unterscheiden.[29] Luhmanns Interesse gilt einer allgemeinen Theorie des Sozialen, die die Entstehung sozialer Systeme zu erklären vermag, ohne auf vorgegebene 'Entitäten' rekurrieren zu müssen – also einer Theorie, die weder des Rekurses auf anthropologische Konstanten (wie einen angeborenen Gemeinsinn des Menschen) noch auf integrierend wirkende normativ-kulturelle Muster[30] bedarf – anderenfalls wäre ja das, was es zu erklären gilt, die Sozialität, in gewissem Sinn schon vorausgesetzt. Es geht ihm also um die Erklärung des Sozialen als einer emergenten Ebene von Realität, deren spezifische Qualitäten aus dem Blick geraten bzw. gar nicht adäquat zu erfassen sind, wenn die Konstitutionsebene des Systems unterschritten wird, wenn also beispielsweise versucht wird, Bewußtseinsprozesse auf neurophysiologischer Ebene zu erklären oder eben Soziales durch Rekurs auf individuelle Bewußtseinszustände.

„Vielleicht könnte man in der Tat alles, was kommuniziert wird, auch auf der Ebene von Mentalzuständen beschreiben (so wie alle Lebensvorgänge auf der Ebene biochemischer Veränderungen) mit der einen Ausnahme: der Autopoiesis des emergenten Systems; also mit Ausnahme dessen, was allein angemessen beschreiben kann, was Kommunikation (bzw. Leben) ist."[31]

Oder mit einer konkreteren Formulierung, die zugleich auch weiter ausgreift: „Wenn es auf eine Beschreibung momentaner Zustände ankommt, wäre [...] ein 'psychischer Reduktionismus' oder auch ein 'methodologischer Individualismus' möglich; nicht aber, wenn die *autopoietische Dynamik* des Kommunikationssystems miterfaßt und miterklärt werden soll. Eine reduktive Beschreibung müßte die *Zeit* unberücksichtigt lassen, und damit auch die *Identität* der Elemente."[32]

Dem Begriff der Emergenz korrespondiert also in gewisser Weise der Begriff des autopoietischen Systems. Bezeichnet sind damit Systeme, die die Elemente und Strukturen, aus denen sie bestehen, *selber* hervorbringen und reproduzieren: „Elemente sind Elemente nur für die Systeme, die sie als Einheit verwenden, und sie sind es nur durch diese Systeme."[33]

Zweierlei ist hier zu bemerken: Erstens fällt die De-ontologisierung des Elementbegriffs auf. Elemente sind nicht 'an sich' einfach, vergleichbar physikalischen Elementarteilchen (und auch bei diesen scheint die Dekomponierbarkeit noch kein Ende ge-

---

[29] Vgl. SoSy, S. 16.
[30] Dies dürfte ein wesentliches Motiv für die eigenständige Theorieentwicklung Luhmanns in Abgrenzung von der Systemtheorie Talcott Parsons gewesen sein; vgl. SoSy, S. 148ff.
[31] SozA 6, S. 40.
[32] WissdG, S. 39; meine Hervorhebungen, R.P.
[33] SoSy, S. 43.

funden zu haben); vielmehr hat jedes Element seine Einheit und seine Einfachheit nur durch das und in dem System, das es konstituiert und reproduziert. Zweitens meint Autopoiesis nicht „Authypostasis"[34], d.h. keineswegs alle Bedingungen, die erfüllt sein müssen, damit ein System sich bilden bzw. fortexistieren kann, müssen in der Hand des Systems sein. So setzen etwa Sozialsysteme die Existenz von psychischen Systemen in ihrer Umwelt voraus – ohne Bewußtsein keine Kommunikation. Es genügt, wenn das System das für es Eigentümliche, seine Elemente und so seine Einheit, eigenständig hervorzubringen mag.

Was heißt dies nun für die Luhmannsche Systemtheorie?

1. Es ist davon auszugehen (wenn man einmal Maschinen, die in Luhmanns Theorie weiter keine Rolle spielen, außer Betracht läßt)[35], daß es verschiedene, jeweils emergente und insofern nicht aufeinander reduzierbare Systemarten (Organismen, psychische und soziale Systeme) gibt.[36]

---

[34] WissdG, S. 30.

[35] Luhmann bezieht sich allerdings, unter Berufung auf die Ausarbeitungen von Heinz von Foerster, gelegentlich auf Maschinen, um anhand der Unterscheidung von trivialen und nicht-trivialen Maschinen den Zusammenhang von Selbstreferentialität, Unberechenbarkeit, Strukturdeterminiertheit und Emergenz zu skizzieren.
Der Begriff der Maschine steht dabei für die Transformationsregel, nach der ein Etwas (ein System) auf Umwelteinflüsse reagiert. Trivialmaschinen transformieren einen Input auf genau bestimmte und wiederholbare Weise in einen Output, gemäß dem Muster: Wann immer 'A' eingegeben wird, wird 'C' resultieren. Demgegenüber reagieren nicht-triviale, d.h. selbstreferentielle Maschinen nie allein auf einen bestimmten Input, sondern ineins auf ihren eigenen Zustand, der das Ergebnis früherer Operationen ist und sich mit jeder weiteren Operation ändert. Es handelt sich also um Maschinen, die angesichts der bisher durchgeführten Operationen über eine eigene Geschichte verfügen, und diese Geschichte beeinflußt den Output der Maschine – sie ist also strukturdeterminiert. Insofern ist bei der Wiederholung von ein und demselben Input keineswegs jedes Mal derselbe Output zu erwarten.
Das wiederum heißt, daß die Berechenbarkeit bzw. Prognostizierbarkeit nicht-trivialer Maschinen kaum noch möglich ist (denn wenn 'A', dann 'C' oder 'D' oder 'F' oder wiederum 'C' etc.). Konsequenz: „Der Umgang mit ihnen ist wegen dieser unaufhebbaren Intransparenz deshalb angewiesen auf die *Emergenz* eines neuartigen Kontaktsystems, das eigenen Strukturen gehorcht. Im Falle psychischer Systeme, die selbstverständlich zur Klasse der nichttrivialen Maschinen gehören, entstehen anstelle von wechselseitiger Transparenz der psychischen Systeme soziale Systeme, an die man sich statt dessen halten kann." (Luhmann, Über systemtheoretische Grundlagen, S. 279; Hervorhebung von mir, R.P.).

[36] Ferner ist mit diesem Zuschnitt verschiedener emergenter „Ebenen des Ordnungsaufbaus der Realität" (SozA 6, S. 271) klar, daß 'der Mensch' als leibhaftig-ganzheitliche Konkretion weder Teil sozialer Systeme noch wohl überhaupt Gegenstand der Systemtheorie sein kann; jedenfalls äußert sich Luhmann persönlich sehr skeptisch gegenüber Versuchen, den Menschen als Einheit aus verschiedenen autopoietischen Teilsystemen wie Zellen, Nervensystem, Bewußtsein zu rekonstruieren (vgl. SozA 6, S. 272, sowie Luhmann, Stellungnahme, S. 385). – An diese Konzeption bzw. diesen Zuschnitt knüpft im übrigen auch der Vorwurf des „methodischen Antihumanismus" von Jürgen Habermas an (Habermas, Der philosophische Diskurs der Moderne, S. 436). Luhmanns Erwiderung läuft entlang zweier Argumentationsstränge: Erstens seien Menschen Teil der Umwelt sozialer Systeme, und diese Placierung sage keineswegs etwas über ihre Wichtigkeit aus – denn, wie wir unten noch sehen werden, man kann von einem System nur in bezug auf seine Umwelt sprechen et vice

2. Deshalb muß jeder Beobachter angeben, auf welche Systemart sich seine Beobachtungen bzw. Beschreibungen beziehen.

3. Angesichts des autopoietischen Charakters von Systemen ist es dem Beobachter nicht mehr freigestellt, was für ihn als System fungieren kann:[37] Als System kommt nur in Betracht, was sich selbst vermittels seiner Operationen aus einer Umwelt ausdifferenziert – der Luhmannsche Systembegriff ist also kein analytischer, sondern ein operationaler.

4. Im Anschluß an die oben angesprochenen „verschiedenen emergenten Ebenen des Ordnungsaufbaus der Realität"[38] bleibt schließlich anzumerken, daß das Erkenntnisinteresse der Luhmannschen Systemtheorie fokussiert ist auf soziale Systeme.

Das heißt: Der größte Teil von Luhmanns Ausarbeitungen bezieht sich auf soziale Systeme, ein bereits deutlich geringerer Anteil gilt den Gemeinsamkeiten, Differenzen und Kopplungsverhältnissen von sozialen und psychischen (bzw. Bewußtseins-) Systemen, und beinahe marginal erscheinen die Ausführungen allein zu den Besonderheiten psychischer Systeme. Es gibt ferner vereinzelte Ausführungen zu der Bedeutung von menschlichen Körpern und Körperverhalten für Kommunikation;[39] aber weder versucht Luhmann, die (jederzeit als notwendiger Bestandteil der Umwelt psychischer und sozialer Systeme vorausgesetzte) körperliche Existenz von Menschen systemtheoretisch zu rekonstruieren,[40] noch interessiert ihn Körperverhalten als solches oder in

---

versa. Zweitens verhindere das „humanistische Vorurteil" (SozA 6, S. 168; vgl. ferner Luhmann, Bemerkungen zu „Selbstreferenz", S. 142, sowie vor allem ders., Über systemtheoretische Grundlagen, S. 282f.), Gesellschaftstheorie vom Menschen her konzipieren zu müssen – und immerhin verdankt sich die Soziologie als Disziplin dieser Frage nach dem Verhältnis von Individuum und Gesellschaft (vgl. zur Reformulierung dieses Verhältnisses durch Luhmann SoSy, S. 298) –, eine adäquate Theorieentwicklung, die es dann auch erlaube, das moderne Individuum empirisch ernst zu nehmen.

Wie immer es um das erste Argument bestellt sein mag (denn auch wenn System und Umwelt gleich wichtig sind, gilt der Fokus der Theorie eben dem System und nicht der Umwelt, und wenn der Umwelt, dann den Systemen in einer bestimmten Umwelt. Als Systeme in der Umwelt eines anderen Systems kommen mithin z.B. im Falle des Gesellschaftssystems psychische Systeme in Betracht, nicht aber ganze Menschen – mithin hat die Systemtheorie über 'den Menschen' nichts zu sagen) – die Berechtigung des zweiten Arguments ließe sich exemplarisch zeigen anhand der Identitätsproblematik moderner Individuen; vgl. hierzu G&S 3, Kap. 3: „Individuum, Individualität, Individualismus", sowie den Vergleich der Luhmannschen und Habermasschen Konzeption von Individualität und Identität bei Meuter, Narrative Identität, S. 200-244, insbes. S. 226-234.

37 Vgl. entspr. WissdG, S. 65.
38 SozA 6, S. 271.
39 Vgl. etwa SozA 3, Kap. 13: Symbiotische Mechanismen. – Bezeichnet sind mit diesen Mechanismen „Einrichtungen des sozialen Systems, die es diesem ermöglichen, organische Ressourcen zu aktivieren und zu dirigieren sowie Störungen aus dem organischen Bereich in sozial behandelbare Form zu bringen." (A.a.O., S. 230). Der symbiotische Mechanismus von Intimbeziehungen etwa wäre Sexualität. – Vgl. auch GdG, S. 378ff. („symbiotische Symbole").
40 Dem entspricht die oben genannte Grobgliederung Organismen – Psychische Systeme – Soziale Systeme; nur in bezug auf letztere wird weiter differenziert: typologisch zunächst in Interaktion = Kommunikation unter Anwesenden, Organisation = Kommunikationssysteme, die ihre Grenzen über Mitgliedschaft regeln, und Gesellschaften bzw. Gesellschaft (die Differenz von Plural und Singular

seinem Verhältnis zu Bewußtseinsprozessen; von Interesse ist allein die Disziplinie-rung von Körperverhalten in bestimmten Kommunikationszusammenhängen, die Aus-nutzung der „organischen 'Infrastruktur'"[41] für den Fortbestand des Sozialsystems (etwa die Beilegung bzw. das 'Vergessen' eines Streits in einer Intimbeziehung durch körperliche Intimität) sowie auf gesamtgesellschaftlicher Ebene ggf. der Niederschlag derartiger Interferenzen in der Semantik.[42]

Die im folgenden darzustellenden systemtheoretischen Begriffe lassen sich, sofern nicht gesondert ausgewiesen, gleichermaßen auf soziale wie auf psychische Systeme beziehen.

---

ergibt sich geschichtlicherweise: Gesellschaften steht für historisch betrachtet regional begrenzte, in dieser Region aber umfassende Sozialsysteme; für die heutige Zeit behauptet Luhmann Gesellschaft als Weltgesellschaft; vgl. SozA 2, S. 11). Entsprechend unspezifisch heißt der Operationsmodus von Organismen „Leben", und erst in den jüngeren Publikationen Luhmanns werden weiter zu unter-scheidende emergente Ebenen (etwa: Gehirn, Nervensystem, Immunsystem, Zellen) genannt.

[41] SozA 3, S. 230: im übrigen ein ebenso instruktiv-anschaulicher wie irreführender Begriff – denn die sogenannten organischen Ressourcen sind nicht Teil des Sozialsystems.

[42] Unter Semantik ist hier ein eigens für Kommunikationszwecke aufbewahrter Themenvorrat zu ver-stehen; vgl. SoSy, S. 224, sowie GdG, S. 313f., 538ff. und 887ff.

2 Systeme und Umwelten I

Wie wir oben gesehen hatten, ist der Luhmannsche Systembegriff ein operationaler. Dabei stehen die Begriffe 'System' und 'Operation' in einem zirkulären Verhältnis zueinander: „Nur ein System kann operieren, und nur Operationen können Systeme produzieren."[43] Was heißt das? Zum einen muß man, will man eine bestimmte Systemart (Organismus, psychisches oder soziales System) bezeichnen, den Operationsmodus angeben können; im Falle sozialer Systeme handelt es sich um Kommunikation.[44] Zum anderen folgt allein aus dem Kontinuieren der Operationen, aus der rekursiven Verknüpfung der Elemente (im Fall sozialer Systeme also daraus, daß Kommunikation an Kommunikation anschließt), daß sich ein System bildet – und zwar in Differenz zur Umwelt, die zunächst einmal als all das begriffen werden kann, was nicht zum System gehört.

Systembildung heißt also: Erzeugung einer Differenz (System – Umwelt), deren eine Seite das System als Einheit der anschlußfähigen Operationen ist. Ferner ist ein solches, durch rekursive Verknüpfung zustande kommendes System ein 'historisches', strukturdeterminiertes: Jede Einzeloperation (Anschlußkommunikation) setzt die Autopoiesis des Systems fort und verändert insofern zugleich den historischen Zustand des Systems; und ineins damit trägt sie zur Strukturbildung des Systems bei. Der Strukturbegriff bezeichnet dabei die Einschränkung von im System zugelassenen Relationierungen von Elementen.[45] Strukturen wie Prozesse – letztere als die je aktuell laufende Relationierung von Elementen – dienen der Vorabauswahl von Folgeelementen, unterscheiden sich aber durch ihr Verhältnis zur Zeit: Prozesse markieren Irreversibilität, denn die Elemente selbst sind ereignishaft, haben also keinerlei Bestand. Strukturen dagegen erlauben Reversibilität, insofern die oben genannte Einschränkung von im System zugelassenen Relationierungen geändert werden kann.

Vergleicht man die verschiedenen System*arten* (Organismus, Bewußtseinssystem, soziales System) miteinander hinsichtlich ihres Reproduktionsmodus, so fällt die strikte operationale Geschlossenheit der Systeme auf: Leben reproduziert nichts anderes als Leben, Gedanken bzw. Vorstellungen nichts anderes als weitere Gedanken bzw. Vorstellungen und Kommunikation nichts anderes als Kommunikation. Damit ist nicht

---

[43] SozA 6, S. 27.

[44] Zu der Schwierigkeit, genau *die eine* systemkonstituierende Operationsweise des Bewußtseinssystems anzugeben (denn einer Mehrheit von Operationsmodi wie z.B. Denken, Fühlen, Wahrnehmen entsprächen dann entweder mehrere Systemarten oder die Notwendigkeit, die operativ erzeugte Einheit des Systems in die *Verknüpfung* der Operationsmodi zu setzen, was Luhmann ablehnt), später mehr; vorläufig können wir die Elemente eines Bewußtseinssystems als Gedanken bzw. Vorstellungen bezeichnen.

[45] Vgl. zum Strukturbegriff ausführlicher SoSy, S. 73f. und S. 382ff., sowie WissdG, S. 78f.

gesagt, daß Bewußtsein nicht durch Kommunikation irritiert oder angeregt werden könnte;[46] ausgeschlossen wird aber, daß Kommunikation direkten Zugriff auf die Operationen des Bewußtseinssystems hat *und umgekehrt*. Die These lautet also, daß das Zustandekommen wie auch der konkrete Verlauf einer Kommunikation im Rekurs auf die bewußten oder gar unbewußten Absichten der Beteiligten nicht zureichend erklärt werden können. Diese Behauptung strikt getrennter Operationsweisen von Bewußtseins- und Kommunikationssystemen gewinnt an Plausibilität, wenn man an Verständigungsprobleme denkt; Kommunikation kann sich zwar (kommunikativ!) darum bemühen, das psychische Verstehen zu erleichtern, kann es aber nicht bewirken. Kurz: Es gibt keine systemübergreifenden Systemoperationen.

Das ist für Organismen und auch Bewußtseinssysteme (aufruhend auf der – unausgesprochenen – Körperlichkeit beider Systeme) unmittelbar einsichtig: Der systemeigene Reproduktionsmodus ist nur systemintern verwendbar, man „kann ihn nicht zur Verknüpfung von System und Umwelt benutzen, also nicht anderes Leben, anderes Bewußtsein gleichsam anzapfen und ins eigene System überführen."[47] Im Falle sozialer Systeme ist allerdings allein das Gesellschaftssystem als das umfassende Sozialsystem „real-notwendig"[48], d.h. vermittels seiner Operationsweise geschlossen, denn außerhalb des Gesellschaftssystems gibt es keine Kommunikation.[49] Alle anderen

---

[46] Die Erörterung des gleichwohl unentbehrlichen Zusammenspiels von Bewußtsein und Kommunikation (und zwar in beiden Richtungen unentbehrlich! Zwar keine Kommunikation ohne Beteiligung von Bewußtsein, aber auch kein Bewußtsein in der Reichhaltigkeit, wie wir sie gewohnt sind, ohne Kommunikation) müssen wir unter dem Titel der strukturellen und operativen Kopplung auf später verschieben. – An dieser Stelle muß und mag genügen, daß Begriffe wie „Irritation" bzw. „Anregung" einen nicht-kausalen Akzent haben. So ist z.B. für Kommunikation nur sehr begrenzt vorhersehbar, an welchen Stellen und inwieweit sie beteiligte Bewußtseinssysteme irritiert, und vor allem untersteht die Verarbeitung, der Umgang mit der Irritation allein der Hoheit des Bewußtseinssystems.

[47] SoSy, S. 60.

[48] SoSy, S. 61.

[49] Daß das Gesellschaftssystem in dieser begrifflichen Fassung notwendig Weltgesellschaft ist, hat viel Kritik hervorgerufen, denn so einleuchtend eine solche Extension für das Wirtschaftssystem sein mag, so unplausibel erscheint sie auf den ersten Blick für das Rechtssystem oder das politische System. Auch kann man Luhmann häufig genug ein 'eurozentristisches' Argumentieren nachweisen, so etwa im Zusammenhang von Gesellschaftsstruktur und Semantik – beide Bereiche werden anhand europäischer Entwicklungen und Literatur diskutiert. Auch seinen Bewertungen wird man oft nicht ohne weiteres folgen wollen – z.B. daß „Territorialität, heute jedenfalls, ein für soziale Systeme ganz untypisches, eher die normale gesellschaftliche Mobilität störendes Grenzprinzip" sei (SoSy, S. 266) – man denke nur an den überall auf der Welt wuchernden 'ethnisch-kulturellen Spaltpilz` (wie den Separatismus der Franko-Kanadier in Kanada) und die zunehmende Befestigung territorialer Grenzen gegen Migranten (der Zaun zwischen Mexiko und den USA ist nur das bekannteste Beispiel).
Gleichwohl vermag sein Zugriff erhellend wirken, und ich verweise hier exemplarisch auf die Reformulierung des Staatsbegriffes (SoSy, S. 626f., ausführlicher SozA 4) und auf die Erklärung des Wiederauflebens von Fundamentalismen (Luhmann, Die Realität der Massenmedien, S. 167f.) in Verbindung mit seinem Vorschlag, worin denn das moderne Individuum seine Identität finden könnte (ebd., S. 115. sowie weiter unten das *Vierte Intermezzo*).

sozialen Systeme müssen dagegen ihre Grenzen gegenüber anderen Sozialsystemen zusätzlich spezifizieren. Dies kann entweder über eine Spezialisierung der Kommunikation oder vermittels einer Reflexion auf die Identität des Systems erfolgen. Die erste Möglichkeit wird von den Funktionssystemen der Gesellschaft benutzt, die jedes für sich durch die Benutzung eines binären Codes (Recht – Unrecht, Zahlung – Nichtzahlung etc.) eine spezifizierte operative Schließung erreichen. Die zweite Möglichkeit wird u.a. von Interaktionssystemen in Anspruch genommen. Zwar reicht zur Grenzziehung gewöhnlich das Kriterium der Anwesenheit aus,[50] doch wenn etwa ein Gespräch aus Zeitgründen abgebrochen werden muß und zu einem anderen Zeitpunkt fortgesetzt werden soll, muß die „Identität über latente Phasen durch[ge]halten"[51] werden.

Wir hatten oben Systembildung als Erzeugung einer Differenz, nämlich der zwischen System und Umwelt beschrieben, die zustande kommt durch rekursives Operieren, durch die selbstreferentielle Verknüpfung von Elementen. Die Elemente existieren dabei nicht 'an sich'; sie werden vielmehr erst durch selektive Verknüpfung konstituiert: „Erst die selektive Verknüpfung 'qualifiziert' die Elemente, und erst das macht es sinnvoll, von system*eigenen* Elementen, von Systemgrenzen oder von Ausdifferenzierung zu sprechen."[52]

Systeme bestehen folglich nicht aus Elementen und Relationen zwischen den Elementen, sondern sie konstituieren sich über die Konstitution ihrer Elemente, die zustande kommt durch selektive und deshalb qualifizierende Relationierung derselben. *Deswegen* hatte ich zu Beginn dieses Kapitels gesagt, die Begriffe 'System' und 'Operation' (der Begriff der Operation ist hier gleichbedeutend mit dem des Elements)[53] stünden in einem zirkulärem Verhältnis zueinander. Anders gesagt: Ein autopoietisches System ist zunächst nichts anderes als sein Operationszusammenhang. Demzufolge kann es nicht einerseits ein System geben, das dann andererseits operiert oder auch nicht; vielmehr 'hat' ein solches System eine 'Existenz' nur solange und insoweit, als es operiert.

Eine instruktive Übersicht über verschiedene Konzeptionen von 'Weltgesellschaft' findet sich bei Rudolf Stichweh, Zur Theorie der Weltgesellschaft. – Ein Versuch, die Systemtheorie auch für 'außereuropäische Verhältnisse' fruchtbar zu machen, um so zu einem tiefergehenden Verständnis japanischer (In-)Dividualität zu gelangen, findet sich bei Fuchs, Die Umschrift, Kap. 2: Kommunikation – Japanisch.

[50] Dabei ist Anwesenheit nicht einfach mit Präsenz gleichzusetzen, insofern ggf. unter Anwesenden entschieden wird, wer als anwesend gilt – wie anders könnte man sich in der Warteschlange vor der Theaterkasse (zu zweit inmitten Vieler) unterhalten? (Vgl. SoSy, S. 560ff.).

[51] SoSy, S. 617.

[52] RdG, S. 43.

[53] Vgl. WissdG, S. 364.

17

Ein System ist also die eine Seite der operativ erzeugten Differenz von System und Umwelt, und zwar die Seite der anschlußfähigen Operationen.[54] Theoriebautechnisch ist hier kurz festzuhalten, daß die *Differenz* von System und Umwelt nur mit Hilfe *selbstreferentieller* Operationen zustande kommt.

„Umwelt" meint dabei einen jeweils systemrelativen Sachverhalt. Gleichwohl ist die Umwelt eines Systems nicht einfach eine „Restkategorie"[55]; vielmehr ist das Verhältnis von System und Umwelt ein Konstitutionsverhältnis: „Systeme sind nicht nur gelegentlich und nicht nur adaptiv, sie sind strukturell an ihrer Umwelt orientiert und könnten ohne Umwelt nicht bestehen. [...] Ohne Differenz zur Umwelt gäbe es nicht einmal Selbstreferenz, denn Differenz ist Funktionsprämisse selbstreferentieller Operationen. In diesem Sinne ist Grenzerhaltung [...] Systemerhaltung."[56]

Daß Systeme nicht ohne Umwelt bestehen könnten, ist in zwei Richtungen zu lesen: Zum einen ist damit immer schon vorausgesetzte, nicht-systemhafte Umwelt gemeint, also etwa a) Luft zum Atmen für das b) Nicht-System Mensch, aber auch c) Sprache;[57] zum anderen sind damit Systeme in der Umwelt eines Systems gemeint (etwa Bewußtseinssysteme in der Umwelt eines Sozialsystems), und genau auf dieses Verhältnis von System und Systemen-in-der-Umwelt dieses Systems zielt der Begriff der strukturellen Orientierung, oder besser: der strukturellen Kopplung. Was ist damit gemeint?

Schauen wir zunächst einmal, wo genau der Begriff hingehört, und was das mit ihm bezeichnete Konzept leisten muß. Er steht für ausgewählte System-zu-System-Beziehungen. Welche Systemarten sind nun miteinander strukturell gekoppelt? Im vorigen Kapitel war die Rede von verschiedenen Ebenen des Ordnungsaufbaus der Realität: Leben, Bewußtsein und Kommunikation, wobei auf der Stufe der Organismen (Reproduktionsmodus Leben) noch weiter zu differenzieren wäre. Strukturelle Kopplungen gibt es nun zum einen zwischen Systemen derselben Ebene, also im Falle sozialer Systeme etwa zwischen den verschiedenen Funktionssystemen der Gesellschaft, und hier ist der Konstitutionszusammenhang besonders deutlich: Das Wirtschaftssystem etwa muß sich darauf verlassen können, daß anderswo über die Rechtmäßigkeit von Verträgen entschieden wird, und weil es sich darauf verlassen kann, ist es von derartigen Problemen entlastet – mit einer Luhmannschen Formulierung: Es kann die „vorkonstituierte Eigenkomplexität"[58] des Rechtssystems in Anspruch nehmen.

---

[54] Vgl. entspr. GdG, S. 315.
[55] SoSy, S. 242.
[56] SoSy, S. 35. Hervorhebungen Luhmanns wurden nicht übernommen.
[57] Auf die besondere Rolle der Sprache für die Kopplung von Bewußtseins- und Sozialsystemen komme ich später zurück (vgl. Kap. 2.2); Luhmanns Ausdruck für nicht-systemhafte Umwelt ist „Materialitätskontinuum" (WissdG, S. 39) oder auch „durchlaufende Realität" (SoSy, S. 245).
[58] SoSy, S. 290.

Zum anderen gibt es strukturelle Kopplungen zwischen Systemen verschiedener Ebenen, und zwar jeweils so, daß ein System immer nur mit Systemen der jeweils nächsthöheren bzw. nächsttieferen Ebene[59] gekoppelt ist. Also ist ein soziales System mit Bewußtseinssystemen strukturell gekoppelt, ein Bewußtseinssystem mit sozialen Systemen *und* mit dem neurophysiologischen System 'seines' Körpers. Ein Bewußtseinssystem ist demzufolge *nicht* direkt mit dem Immunsystem seines Körpers strukturell gekoppelt und ebenso wenig mit den Zellsystemen seines Körpers. Was immer auf diesen Systemebenen passiert, bleibt ihm unzugänglich, sofern es ihm nicht über das neurophysiologische System in hochselektiver Weise (z.B. als Schmerz) vermittelt wird.[60]

Derartig tieferliegende Systemarten (wie etwa Zellsysteme) sind zwar notwendige Voraussetzungen für ein Bewußtseinssystem (Autopoiesis ist nicht Authypostasis), aber dieser Form von Voraussetzung kommt dieselbe Dignität zu wie Kausalitäten der nicht-systemhaften Umwelt (wie etwa Schwerkraft und bestimmte Temperaturverhältnisse für die Entwicklung von Leben auf der Erde): Sie stellen allein die Möglichkeit für die Ausdifferenzierung einer neuen Systemart bereit, und ihr Einfluß auf diese neue Systemart beschränkt sich auf unspezifizierte Ermöglichung bzw. Destruktion.[61]

Wenn nun die Theorie selbstreferentieller Systeme von derartigen Kausalverhältnissen abstrahiert,[62] so kann der Begriff der strukturellen Kopplung kein Kausalverhältnis bezeichnen, und er muß mit der operativen Geschlossenheit der gekoppelten Systeme kompatibel sein.[63]

---

[59] Die Rede von höheren oder tieferen 'Ebenen' impliziert dabei kein hierarchisches Verhältnis der Ebenen zueinander. Die Wahl einer bestimmten Systemart zu Beobachtungszwecken limitiert jedoch, was man zu sehen bekommt – und 'psychosomatische' Beschwerden, wie man so leichthin zu sagen pflegt, sind dann nicht einfach so gegeben, und sie stellen auch keine problemlos zuzuordnenden Systemereignisse dar. Bezeichnet wäre mit ihnen vielmehr „eine über Kausalattribution laufende Kompaktidentifikation der Ursache" eines Ereignisses. (WissdG, S. 61, dort allerdings in bezug auf die wohl alltägliche Auffassung von Kommunikation als intentionsgeleitetem Mitteilungsgeschehen). – Vgl. ferner zum Körper als dem ausgeschlossenen Dritten in der Gegenüberstellung von Bewußtseins- und Sozialsystemen: Alois Hahn und Rüdiger Jacob, Der Körper als soziales Bedeutungssystem.

[60] Für Luhmann stellt die Interpretation eines neurophysiologischen Impulses oder eines neuronalen Musters als Schmerz schon eine Eigenleistung des Bewußtseinssystems dar; anders optiert etwa Roth (vgl. ders., Kognition: Die Entstehung von Bedeutung im Gehirn); für Luhmann ist das neurophysiologische System lediglich zur Selbstbeobachtung fähig, und erst Bewußtseins- und Sozialsysteme sind in der Lage, zwischen Selbst- und Fremdreferenz zu unterscheiden und beides zu kombinieren (vgl. KdG, S. 17ff.).

[61] In genau dieser Hinsicht, d.h. weil ein erklärender 'Durchgriff' von 'unten' nach 'oben' ausgeschlossen wird, ist die Luhmannsche Theorie nicht reduktionistisch – es wird also ausgeschlossen, Bewußtsein durch die Veränderung neurophysiologischer Zustände zu erklären. Vgl. ferner zum Reduktionismus-/Holismus-Problem WissdG, S. 64-67.

[62] Vgl. RdG, S. 44; „abstrahieren" hier im Sinne eines Absehens von. – Vgl. zur systemtheoretischen Reformulierung des Kausalitätsbegriffs SozA 6, S. 15f.; vgl. zu den dort benutzten Begriffen Medium und Form KdG, S. 165-173.

[63] Vgl. zum folgenden SozA 6, S. 16f., und SozA 5, S. 101ff.

Gemäß des Luhmannschen Ausspruchs, alles müsse über Unterscheidungen abgewickelt werden, nähern wir uns jetzt dem Begriff der strukturellen Kopplung über die Unterscheidung desselben von dem der operativen Kopplung: Mit letzterer ist zum einen die rekursive Verknüpfung der Einzelelemente eines Systems gemeint, also seine autopoietische Reproduktion. Zum anderen fällt unter diesen Begriff die je nur „momenthafte Kopplung von Operationen des Systems mit solchen, die das System der Umwelt zurechnet, also zum Beispiel die Möglichkeit, durch eine Zahlung eine Rechtsverbindlichkeit zu erfüllen".[64] Solche operativen Kopplungen sind „immer nur auf Ereignislänge möglich" und kommen dadurch zustande, daß einem Ereignis (und von *einem* Ereignis kann man nur von einem ontologischen Standpunkt aus sprechen) zwei unterschiedliche Identitäten zugewiesen werden. Sie beruhen also „auf einer gewissen Ambiguität der Identifikation, denn im Grunde wird die Identität der Einzelereignisse stets durch das rekursive Netzwerk des Einzelsystems erzeugt, und wirtschaftlich ist Zahlung deshalb im Hinblick auf die Wiederverwendbarkeit des Geldes etwas ganz anderes als rechtlich im Hinblick auf die Umgestaltung der Rechtslage, die dadurch bewirkt wird."[65]

So betrachtet erweist sich operative Kopplung als die Leistung eines Beobachters, der zwei verschiedene Ereignisse in zwei verschiedenen Systemen (nämlich ein Zahlungsereignis im Wirtschaftssystem und die Umgestaltung einer Rechtslage im Rechtssystem) als ein Ereignis identifiziert (Zahlung als Umgestaltung einer Rechtslage).

Demgegenüber bezeichnet der Begriff der strukturellen Kopplung einen Einfluß auf die Strukturentwicklung der gekoppelten Systeme. Dieser Einfluß kann kein kausaler sein, denn die Strukturen eines Systems werden operativ, also qua Autopoiesis ausgebildet und respezifiziert. Der Einfluß eines Systems in der Umwelt des Systems, das nun seine Strukturen respezifiziert, kann demzufolge nur die Qualität eines Anlasses haben oder, mit Luhmanns Ausdruck, die einer „Irritation". Wie nämlich die Irritation im irritierten System verarbeitet wird, d.h. ob bzw. zu welchen konkreten Strukturänderungen es kommt, bleibt dem irritierten System überlassen. Eben dies ist ja der 'Witz' eines selbstreferentiellen Systems, daß es nämlich keine vorgefertigten Inhalte aus seiner Umwelt bezieht.[66]

Besonders deutlich läßt sich dies am Begriff der Information zeigen, die systemtheoretisch nicht als etwas Feststehendes oder Übertragbares begriffen werden kann. Information wird statt dessen (in Anlehnung an Gregory Bateson) als Unterschied (1), der einen Unterschied macht (2), begriffen. Das heißt: Im Hinblick auf einen Unterschied (1) ändert ein System den eigenen Systemzustand (2). Dabei ist zu beachten, daß auch der Unterschied (1) nicht von außen in das System übertragen wird oder in

---

[64] RdG, S. 441.
[65] Beide Zitate aus: RdG. S. 441.
[66] Vgl. SozA 6, S. 74.

der Umwelt als Unterschied existiert, sondern als eine Konstruktionsleistung des Systems verstanden werden muß: Nur in bezug auf die systemeigenen Schemata (z.B. Erwartungen) kann etwas (ein bestimmtes Verhalten) für das System Informationswert gewinnen (als Erwartungserfüllung oder -enttäuschung).[67]

Folgt man diesen Überlegungen, so ist beispielsweise Sozialisation nicht länger als Internalisierung der Werte und Normen eines Sozialsystems durch ein Individuum zu begreifen. Setzte man nämlich so an, so könnte man einen Sozialisationsprozeß, wenn die kommunizierten Normen vom Individuum nicht übernommen werden, nur noch als mißglückt beschreiben. Demgegenüber ist dem systemtheoretischen Ansatz zufolge Sozialisation primär als *Selbst*-Sozialisation zu verstehen, die dann *sowohl* über Konformität *als auch* über Abweichung laufen kann.[68] Worin liegt nun der mögliche Gewinn dieser neuen Fassung des Sozialisationsbegriffs? Zum einen läßt sich Sozialisation so schärfer gegen Erziehung (als ein ziel- bzw. funktionsgerichtetes *soziales* System)[69] abgrenzen; zum anderen macht dieses Konzept m.E. eher verständlich, weshalb es so schwer ist, einen so oder anders verlaufenen Sozialisationsprozeß nachträglich zu verändern – gilt es doch nicht, fremde, quasi oktroyierte Normen oder Werte wie Ketten abzuschütteln, sondern eine 'historisch gewachsene' Selbstfestlegung zu korrigieren.

Festzuhalten bleibt, daß mit dem Konzept der strukturellen Kopplung eine nicht-kausale 'Überbrückung' zwischen einem System und einem weiteren System in der Umwelt des ersten Systems bezeichnet ist – eine 'Überbrückung', die gleichwohl die jeweiligen Systemgrenzen wahrt, insofern die Autopoiesis und die gegebenenfalls verschiedenen Operationsmodi der gekoppelten Systeme unbeeinträchtigt bleiben: Die Spezifizierung und die Verarbeitung der Irritation obliegt allein der 'Hoheit' des irritierten Systems.

Bleibt zu fragen, wodurch strukturelle Kopplungen ermöglicht werden und ob es so etwas wie 'feste Formen' struktureller Kopplung gibt. Was die 'festen Formen' angeht, so hatten wir eine bereits weiter oben kennengelernt: Wirtschafts- und Rechtssystem sind über Vertrag und Eigentum miteinander strukturell gekoppelt, Rechtssystem und politisches System über die Verfassung.[70]

Wenn wir zum Verhältnis von Bewußtseins- und Sozialsystemen zurückkehren, so erfolgt die strukturelle Kopplung als vorübergehend feste Form in sachlicher Hinsicht über die *Themen* einer Kommunikation, in sozialer Hinsicht über die Konstruktion von Mitteilungshandlungen und deren Zurechnung auf *Personen*. Beides ist letztlich nur

---

67 Vgl. RdG, S. 84f. und SoSy. S. 102-105.
68 Vgl. hierzu SozA 6. S. 86-91.
69 Vgl. hierzu Luhmann. Systeme verstehen Systeme (insbes. S. 97-117), sowie SozA 6, Kap. 11: Das Kind als Medium der Erziehung.
70 Vgl. RdG, S. 451ff. Diese Identifizierung von Kopplungsformen bezieht sich auf die moderne, funktional differenzierte Gesellschaft, wird also nicht ahistorisch behauptet (vgl. a.a.O., S. 446ff.).

möglich dadurch, daß beide Systemarten „Sinn" verwendende, d.h. Informationen prozessierende Systeme sind. Um diese Verhältnisse näher erörtern zu können, sind jedoch zunächst einige Erläuterungen zur Autopoiesis von Kommunikation nötig.

2.1 Die Autopoiesis der Kommunikation

Beginnen wir mit einer 'echten Luhmann-Polemik', von der man wohl zu recht annehmen darf, sie solle die an der Kommunikation beteiligten Bewußtseinssysteme irritieren – umso mehr, als sie ohne jede weitere Erläuterung am Ende eines Aufsatzes steht: „Ob ich meine, was ich sage, weiß ich nicht. Und wenn ich es wüßte, müßte ich es für mich behalten."[71] Die Polemik richtet sich zunächst gegen die gewöhnliche Vorstellung von Kommunikation als Übertragungsvorgang: A will B etwas mitteilen. Daher ist A gehalten, dieses Etwas so zu codieren (z.B. sprachlich – und wenn sprachlich, dann eindeutig statt mehrdeutig oder widersinnig), daß B es problemlos entschlüsseln und deshalb so verstehen kann, wie A es gemeint hat.

Demgegenüber kommt im systemtheoretischen Verständnis Kommunikation nicht in 'Zeitstrahlnormalrichtung'[72] als Übertragung von etwas zustande[73]; vielmehr organisiert sich Kommunikation „von hinten her"[74], vom Verstehen aus, also zeitgegenläufig. Anders formuliert: Was immer A sagt, wird zu einem Element von Kommunikation erst und genau dann, wenn eine Folgeäußerung anschließt, die die Äußerung von A aufgreift; und allein dadurch, wie die Folgeäußerung anschließt, erhält die erste Äußerung ihre Identität, ihre kommunikative Realität. Erst an der Folgeäußerung läßt sich ablesen, was bzw. wie verstanden worden ist. *Und dieses Verstehen, das sich an der Folgeäußerung ablesen läßt, ist nicht das psychische Verstehen B's der Äußerung von A, sondern es ist soziales Verstehen,* das als Verstehen gilt, soweit es nicht durch eine weitere, dritte Äußerung (wiederum von A) korrigiert wird.

Machen wir uns diese Bestimmungen anhand eines Extrem-Beispiels noch einmal deutlich:[75] Gesetzt, A fragt B, ob B ihm sagen könne, wie spät es ist, und B antwortet ihm mit „Ja", so beschriebe B's Antwort A's Frage als eine solche, die nach B's Fähigkeiten fragt (*„Kannst* Du mir sagen, wie spät es ist?"). Lassen es nun beide dabei bewenden, so daß also weder A noch einmal nachfragt noch B von sich aus die Antwort um die gewünschte Uhrzeit ergänzt, so wäre das erreichte *soziale* Verstehen der Äußerung von A das Verstehen einer Informationsfrage (*„Bist Du in der Lage,* mir zu sagen, wie spät es ist?"). A's Äußerung wäre in diesem Fall also nicht als Mitteilung ei-

---

[71] SozA 6, S. 53; freilich könnte man diese Polemik angesichts des Themas des Aufsatzes mit dem Titel „Wie ist Bewußtsein an Kommunikation beteiligt?" ebensogut als 'Lernzielkontrolle' (für den Leser und durch ihn selbst) auffassen.

[72] Diesen Ausdruck verdanke ich Peter Fuchs, Moderne Kommunikation.

[73] Daß Informationen übertragen werden können, wurde bereits bei der Vorstellung des Informationsbegriffs ausgeschlossen (siehe oben S. 20f.). Obwohl also eine Information für das System nur durch es selbst, d.h. dank seiner Schemata zustande kommt, kann das System die Selektion der Information seiner Umwelt zurechnen (vgl. SoSy, S. 104 u. 123f.).

[74] SoSy, S. 198.

[75] Vgl. entsprechend das nahezu identische Beispiel bei Schneider, Hermeneutik sozialer Systeme, S. 422.

ner Bitte verstanden worden, und zwar unabhängig davon, was sich die beteiligten Bewußtseinssysteme dabei denken – also unabhängig davon, ob B für sich die Äußerung A's durchaus als Mitteilung einer Bitte verstanden hat, aber einen Scherz machen wollte/aber B ärgern wollte/... und ebenso unabhängig davon, was sich A bei dieser Antwort denkt (es ebenfalls lustig findet/es gar nicht lustig findet/...). Kurz: Soziales Verstehen konstituiert sich eigenständig gegenüber den je bewußtseinsinternen Zuständen, und es läßt sich erst am Anschluß ablesen, also daran, wie kommunikativ auf das Vorangegangene Bezug genommen wird.

Von hier aus gesehen kann Luhmann nicht wissen, ob er meint, was er sagt (bzw. schreibt), denn erst eine Folgeäußerung (etwa eine Rezension seines Aufsatzes – oder auch meine Interpretation seiner Äußerung) würde erweisen, was an sozialem Verständnis zustande gekommen ist, und erst wenn diese Folgeäußerung Luhmann zur Kenntnis käme, könnte er das Ergebnis des sozialen Verstehens (z.B.: "Polemik" oder "Lernzielkontrolle") damit vergleichen, wie er seine Äußerung selber versteht.

Es gibt also in der systemtheoretischen Konzeption keine Übersetzung von psychischem in soziales Verstehen: Was immer sozial verstanden wird und wie immer im weiteren Kommunikationsverlauf Verstehen kommunikativ problematisiert wird – die beteiligten Bewußtseinssysteme bleiben füreinander intransparent. Man kann, schlicht und ergreifend gesagt, nicht wissen, was ein anderer denkt, denn wenn man ihn fragt und er die Frage beantwortet, dann ist dies bereits Kommunikation und eben nicht mehr Gedanke – und es gibt, sozusagen entgegen aller alltäglichen Plausibilität,[76] kein Kriterium für die Übereinstimmung von Gedachtem und Gesagtem.

Verständlicher wird die Trennung von psychischem und sozialem Verstehen vielleicht, wenn man sich vor Augen führt, daß (wenigstens im Fall inhaltlich anspruchsvoller Kommunikation) psychisches Verstehen nicht 'distinkt' genug ist, um die Fortsetzung von Kommunikation zu gewährleisten.[77] Zur Fortsetzung von Kommunikation ist, abstrakt gesagt, ein Entweder/Oder-Verstehen erforderlich: *Entweder* das Gesagte ist soweit verständlich, und dann kann man das bisher Gesagte vertiefen, annehmen oder ablehnen, sich anderen Themen zuwenden – *oder* das Gesagte wurde nicht verstanden, und dann bedarf es reflexiver Kommunikation zur Klärung des Nichtverstandenen – was einerseits zu den 'Standard-Routinen' der Steuerung eines Kommunikati-

---

[76] Jene alltägliche Plausibilität unterstellt ja jederzeit, daß der andere sagt, was er meint, und behilft sich, wenn diesbezüglich Zweifel auftreten (also etwa Täuschungsabsichten befürchtet werden), mit der 'Verrechnung' oder 'Abgleichung' von kommunikativ-verbalem Geschehen und bewußtseinsinterner Wahrnehmung dieses Geschehens, nimmt also etwa den Umstand, daß jemand rot wird, während er etwas bestreitet, als Zeichen für die Unwahrheit der Aussage. An diesem Beispiel kann man gut sehen, daß auch eine auf diese Weise gewonnene 'Evidenz' tatsächlich eine je bewußtseinsinterne Konstruktionsleistung 'ohne Außenhalt' ist – denn es wäre ja ebensogut denkbar, daß das Erröten nicht Anzeichen einer Lüge ist, sondern allein daraus resultiert, daß dem Errötenden das Thema als solches peinlich ist.

[77] Vgl. entspr. WissdG. S. 26.

onsprozesses gehört („Habe ich Sie richtig verstanden, daß Sie...?"), andererseits aber nicht beliebig oft und beliebig lange durchgeführt werden kann – der „Grenznutzen"[78] eines permanenten Immer-noch-genauer-wissen-Wollens ist schnell erreicht, und jedes weitere Nachfragen strapaziert dann nur noch die 'Geduld' der beteiligten psychischen Systeme, was dann häufig zu Themenwechseln, im Extremfall aber auch zum Abbruch der Kommunikation führt.[79]

Deshalb tritt in der Kommunikation an die Stelle des Mehr-oder-weniger-verstanden-Habens der an Kommunikation beteiligten Bewußtseinssysteme das hypothetische soziale Verstehen, das solange als Verstanden-Haben gilt, bis eine Folgeäußerung genau dies in Zweifel zieht.

Zusammengefaßt und reformuliert ergibt sich bis hierher folgendes Bild: Der systemtheoretische Kommunikationsbegriff betont gegenüber einer Auffassung von Kommunikation als mitteilender Übertragung von Information die Bedeutung des Verstehens; demnach ist Kommunikation nicht als zweistellige (Mitteilung, Information), sondern als dreistellige Selektion (Mitteilung, Information, Verstehen) zu begreifen. Dabei handelt es sich nicht einfach um eine Erweiterung des Kommunikationsbegriffs um die Komponente 'Verstehen'; vielmehr wird darüber hinausgehend in der systemtheoretischen Konzeption bestritten, daß es eine unmittelbare Übertragung von Information geben kann: „Kommunikation legt einen Zustand des Empfängers fest, der ohne sie nicht bestehen würde, aber nur durch ihn selbst bestimmt werden kann."[80]

Eine der Schwierigkeiten des systemtheoretischen Kommunikationsbegriffs liegt sicherlich darin, daß er einerseits – jedenfalls für den kommunikativen Normalfall mehr oder weniger – psychisches Verstehen voraussetzt, andererseits aber soziales Verstehen von dem jeweiligen Verstehen der beteiligten Bewußtseinssysteme unterscheidet, und zwar dergestalt, daß soziales Verstehen als nicht rückführbar auf das jeweilige Verstehen der beteiligten Bewußtseinssysteme gilt. Für die weitere Diskussion ist wichtig, daß sich Kommunikation *in jedem Fall* vom Verstehen her organisiert, das heißt sowohl, wenn man auf die Bedeutung des psychischen Verstehens abstellt, als auch, wenn man soziales Verstehen als Bezugspunkt wählt.

Zunächst zur Bedeutung psychischen Verstehens: Man kann von einem Zustandekommen von Kommunikation „nur sprechen, wenn die Änderung des Zustandes von Komplex A mit einer Änderung des Zustandes von Komplex B korrespondiert, obwohl beide Komplexe andere Möglichkeiten der Zustandsbestimmung hätten. Insofern heißt

---

[78] SozA 6, S. 118.
[79] Deswegen ist Reflexivität als Kommunikation über Kommunikation für den kommunikativen „Normalfall ein viel zu schweres Geschütz; zeitraubend, belastend, schwerfällig, zu absichtsbetont und vor allem: zu riskant." (Luhmann, Systeme verstehen Systeme, S. 86, Anm. 23).
[80] SoSy, S. 204.

Kommunizieren Beschränken (sich selbst und den anderen unter Beschränkungen setzen)".[81] – Und die Zustandsänderung von B meint hier allein ein Verstehen des Sinns der Mitteilung von A,[82] in unserem Kontext also ein psychisches Verstehen B's der Mitteilung von A, das einer wie immer gearteten Reaktion (Annahme oder Ablehnung der Selektionsofferte von A, Rückfrage etc.) vorgängig ist. Versteht B psychisch überhaupt nichts, weil etwa A in einer B völlig fremden Sprache redet, weil noch dazu sein Tonfall keinerlei Rückschlüsse auf den Inhalt zuläßt und auch jedwede Gestik entfällt, so kommt eben keine Kommunikation zustande.

Die Erwähnung von Tonfall und Gestik macht im übrigen deutlich, daß Kommunikation nicht zwingend an Sprache gebunden ist – man kann sich bekanntlich auch durch Blicke und Gesten verständigen. Allerdings macht erst Sprache die Möglichkeit reflexiver Kommunikation (also die Möglichkeit, zuvor Gesagtes kommunikativ wieder aufzugreifen) sicher verfügbar und so auch die Möglichkeit, den Verlauf eines Kommunikationsprozesses zu steuern. Darüber hinaus hat Sprache immense Bedeutung für die Ausweitung von Kommunikation: Sprachlose Verständigung wird schwierig bei mehr als zwei Teilnehmern (gut zu beobachten an ampellosen Kreuzungen), wohingegen sprachliche Kommunikation unter Anwesenden durchaus mehr als zwei Beteiligte verkraftet. Schließlich ist mit der *drucktechnischen* Verfügbarkeit von Schrift ein weiterer Expansionsschub an Kommunikationsmöglichkeiten zu verzeichnen, der weit über das hinausgeht, was durch das handschriftliche Kopieren von Texten in den mittelalterlichen Schreibwerkstätten möglich war.[83]

---

[81] SoSy, S. 66.

[82] Vgl. SoSy, S. 203.

[83] Dieser Expansionsschub zieht dann auch qualitative Veränderungen im Kommunikationsverhalten nach sich und geht einher mit gesellschaftsstrukturellen Veränderungen – *das* Thema und *die* grundlegende These Luhmannschen Analysen, weswegen denn auch eine seiner Aufsatzsammlungen „Gesellschaftsstruktur und Semantik" betitelt ist (vgl. für einen Gesamtüberblick Luhmann, The Evolutionary Differentiation between Society and Interaction).
Eine der qualitativen Veränderungen ist die (durch Roman-Lektüre geförderte) Entdeckung der Inkommunikabilität von Aufrichtigkeit (ebenfalls ein Topos in Luhmanns Texten), und diese Nicht-Kommunizierbarkeit ist der Schlüssel zum Verständnis des zweiten Satzes des Zitats am Anfang dieses Kapitels. Daß Luhmann nicht vorab wissen kann, wie er sozial verstanden werden wird, ist wohl klar – doch wieso müßte er, gesetzt, er wüßte es (z.B. aufgrund hellseherischer Fähigkeiten), das Übereinstimmen oder Nicht-Übereinstimmen von seinem psychischen Verstehen und dem sozialen Verstehen für sich behalten? – Nun, im Falle der Übereinstimmung müßte er sagen, daß er meint, was er sagt: was aber als Beteuerung eine kontraproduktive Wirkung hat, nämlich Zweifel weckt. Was hier versagt, ist das Prinzip der Kommunikation, nämlich die Unterscheidung von Information und Mitteilung *und* ihre Kontingenz. Anders gesagt: Wenn jemand ungefragt versichert, er meine, was er sage, ist unterderhand die Möglichkeit mitgeteilt, daß es sich auch anders verhalten könnte, daß er mithin anderes meinen könnte, als er sagt. – Und für den Fall der Nichtübereinstimmung von psychischem und sozialem Verstehen ist die Sache klar: Luhmann müßte dann sagen, daß er nicht meint, was er sagt – was aber nur zur Folge hätte, daß der Leser nicht wissen kann, was er denn dann statt dessen meint, womit die Kommunikation zusammenbricht, weil dem Leser die Anschlußfähigkeit genommen ist (vgl. entsprechend SoSy, S. 207f. und 499).

Die besondere Bedeutung von Sprachgebrauch (sei es nun mündlich oder schriftlich) für die Autopoiesis von Kommunikation liegt zuletzt darin, daß er, auf den Beginn von Kommunikation gesehen, außer Zweifel setzt, *daß* etwas mitgeteilt werden soll (man spricht nicht aus Versehen), wohingegen bei nichtsprachlicher Kommunikation die kommunikative Absicht relativ leicht bestritten werden kann. Zugleich befördert Sprachgebrauch auch die Fortsetzung von Kommunikation, insofern alles, was gesagt wird, im Fortgang der Kommunikation angenommen oder abgelehnt werden kann. So läßt sich „ein Elementarereignis der Kommunikation definieren als kleinste noch negierbare Einheit."[84] Dabei ist zum Verständnis der systemtheoretischen Konzeption von entscheidender Bedeutung, daß auch die Ablehnung einer Mitteilung kommunikationspraktischen Wert hat, insofern auch sie weitere Anschlußmöglichkeiten offeriert (das Thema wechseln, Überredungsversuche starten etc.): Es gibt also aus systemtheoretischer Perspektive keinen Vorrang von Konsens gegenüber Dissens.[85]

Werfen wir nun einen Blick auf die Binnenhorizonte zweier an Kommunikation beteiligter Bewußtseinssysteme. Zu verzeichnen ist hier (also *in* einer kommunikativen Situation *jeweils* bewußtseinsintern) eine Verdopplung der Selektionsleistungen: Die *Information*, die A mitteilen möchte, kann für B etwas ganz anderes bedeuten als für A;[86] A hat für seine *Mitteilung* möglicherweise ganz andere Gründe, als B vermutet; mithin versteht A sich selbst mit hoher Wahrscheinlichkeit anders, als B ihn versteht.

Diese bewußtseinsinternen Verstehensdifferenzen infolge je verschiedener Selektionshorizonte sind nun nicht einfach nur ein Mangel, vielmehr machen sie den möglichen Reichtum von Kommunikation aus: Nur wenn man eine Differenz der Auffassungsperspektiven unterstellen kann, verspricht die Kommunikation über ein bestimmtes Thema für die beteiligten Bewußtseinssysteme einen 'produktiven Mehrwert' abzuwerfen, ist eine Anreicherung des bisherigen, je eigenen Verständnisses der Thematik zu erwarten. – Mit einer Luhmannschen Formulierung: „In die Kommunikation geht immer auch die Selektivität des Mitgeteilten, der Information, und die Selektivität des Verstehens ein, und gerade die Differenzen, die diese Einheit ermöglichen, machen das Wesen der Kommunikation aus."[87]

---

[84] SoSy, S. 212; vgl. ferner S. 204.
[85] Vgl. hierzu ausführlicher Luhmann, Theorie der Gesellschaft, Cassette 4, insbes. Ende Seite A, Anfang Seite B.
[86] Zu verdeutlichen am Begriff des Beobachtens, wonach (s. oben Kap. 1.1) ein Etwas (eine Information) nur bezeichnet werden kann, indem dieses Etwas von anderem unterschieden wird – *und das andere*, von dem die Information unterschieden wird, um sie zu bezeichnen, *kann nicht zugleich auch noch mitgenannt werden*, sondern allenfalls in einem zweiten Schritt, also zeitverzögert mitgeteilt werden. Anders formuliert: *Der Selektionshorizont* einer Information wird nicht sichtbar, geht in der Mitteilung verloren.
[87] SoSy, S. 225f.

Gleichwohl ist mit der Differenz der bewußtseinsinternen Selektionshorizonte ein Problem bezeichnet, nämlich ein Komplexitätszuwachs, der kommunikativ nie vollständig einzuholen ist: „Allgemein ließe sich festhalten, [...] daß die Ökonomie und das Tempo der Kommunikation immer einen Bezug auf Sinnkomplexe (auf 'Gestalten' im Sinne der Gestaltpsychologie) erfordern und daß die Kommunikation den Sinn, den sie verstehen läßt, daher nie wieder einholen kann, so daß im Regelfalle auch nicht auseinanderdividiert werden kann, was daran à conto Information und was à conto Mitteilung geht."[88]

Deshalb verkürzt sich die Kommunikation auf Mitteilungshandlungen, die aufeinander folgen und aneinander anschließen. In dieser Form, d.h. als operative Verkettung von Mitteilungshandlungen, ist Kommunikation Reduktion von Komplexität, und zwar im definitorisch genauen Wortsinn: Von Reduktion der Komplexität kann man „immer dann sprechen, wenn das Relationsgefüge eines komplexen Zusammenhanges durch einen zweiten Zusammenhang mit weniger Relationen rekonstruiert wird."[89] Und genau dies leistet Kommunikation, sie rekonstruiert in vereinfachter Form die psychischen Binnenhorizonte. Von hier aus mag der Begriff der „Emergenz" verständlicher werden: er bezeichnet nämlich nichts anderes als die Unterbrechung und den systemeigenen Neuaufbau von Komplexität.[90]

Fassen wir zusammen: Weder Sprachlichkeit noch Intentionalität (insofern, wie oben gezeigt, Kommunikation sich in jedem Fall vom Verstehen her organisiert) taugen zur Definition des systemtheoretischen Kommunikationsbegriffs. Entscheidend ist vielmehr das Zusammentreten oder Verschleifen dreier Selektionen, nämlich Information, Mitteilung und Verstehen, die als kommunikative Selektionen zu unterscheiden sind von dem, was sie jeweils für die beteiligten Bewußtseinssysteme psychisch bedeuten. Dieses Verschleifen geschieht operativ dadurch, daß jede *Folge*äußerung (Kommunikation organisiert sich vom Verstehen her!) die vorhergehende als Mitteilung einer bestimmten Information versteht.[91] Kommunikation verkürzt sich also selbst auf ein Mitteilungsgeschehen, auf Mitteilungshandlungen.

Dabei ist es von zentraler Bedeutung, daß diese Mitteilungshandlungen keine Handlungen von Subjekten sind (Kommunikation ist nicht intentional zu begreifen); die Mitteilungshandlungen werden vielmehr erst im Kommunikationsprozeß durch Zurechnungsprozesse sozial konstituiert; so erst erhalten sie (wie immer sie psychisch gemeint gewesen sein mögen) ihre Identität als *diese* Mitteilung *einer bestimmten* Information – sie bekommen also ihre Identität immer erst 'im nachhinein', durch ein

---

[88] Luhmann, Die Realität der Massenmedien, S. 140f.
[89] SoSy, S. 49.
[90] Vgl. SoSy, S. 44.
[91] Vgl. hierzu näher das *Erste Intermezzo*.

28

Folgeereignis, eine Folgeäußerung zugewiesen. Mit einer Formulierung von Peter Fuchs: „Keine Äußerung hat sich selbst, jede beobachtet eine andere und wird registriert ihrerseits nur post festum ihrer selbst: durch ein weiteres Ereignis. Die Identität des Ereignisses ist, so gesehen, differentiell. Es setzt zwei Zeitstellen voraus, um ein Ereignis zu sein, [...] sein bestimmtes (positioniertes) Geschehen (sein 'esse') ist 'die Meldung seines Geschehen-seins' (sein 'fuisse'). Es hat keine Substanz, es sei denn, ein anderes Ereignis sagt das, und dann hat es (was immer es 'wirklich' gewesen sein mag) auf jeden Fall keine mehr."[92]

---

[92] Fuchs, Moderne Kommunikation, S. 24; Hervorhebungen von Fuchs wurden nicht übernommen.

Erstes Intermezzo: Kommunikation & Handlung

Die Darstellung des Kommunikationsbegriffs in „Soziale Systeme" birgt m.E. folgende Schwierigkeiten: Einerseits gilt Kommunikation als Einheit realisiert, soweit eine Mitteilungshandlung psychisch verstanden wurde.[93] Durch diese Fassung (Kommunikation als dreistellige Selektion) ist sichergestellt, daß Kommunikation nicht als Vermögen 'des Menschen' bzw. eines einzelnen Menschen verstanden werden kann, denn die Selektionen finden räumlich und zeitlich in der Welt verteilt statt;[94] und in diesem Sinne wird auch im folgenden Kapitel von der 'Einzelkommunikation' die Rede sein.

Andererseits (und erst hier kann von einem autopoietischen System gesprochen werden, das seine Elemente selbst konstituiert) ist Kommunikation als Prozeß zu begreifen, der sich vermittels der durch ihn selbst konstituierten Mitteilungshandlungen selbst steuert: Man kann „*Kommunikation* reflexiv nur handhaben (zum Beispiel bestreiten, zurückfragen, widersprechen) [...], wenn sich feststellen läßt, wer kommunikativ *gehandelt* hatte."[95] Für Kommunikation als Prozeß ist jedoch, wie oben gesehen, nicht das psychische Verstehen entscheidend, sondern soziales Verstehen, und dieses (nämlich wie die vorhergehende Äußerung verstanden worden ist) ist erst an der Anschlußreaktion auf eine mitgeteilte Information ablesbar.[96]

Das Problem dabei ist, daß dieses soziale Verstehen kommunikativ in einem 'unendlichen Aufschub' konstituiert wird: Man kann sehen, „daß eigentlich an keiner Zeitstelle eines Kommunikationsprozesses 'Verstehen' auftaucht, jedenfalls nicht, solange man die Analyseoptik auf Operativität eingestellt hat. Was da geschieht, sind Äußerungen, immer nur die, nichts sonst, wie immer umflattert von mimischen, gestischen, non-verbalen Signalen, deren sich eine Folgeäußerung bedienen kann, um die Mitteilung von der Information zu unterscheiden. *Das Folgeereignis legt fest* (bezeichnet, fixiert momentweise), *was geschehen ist:* als bestimmter (bezeichnender) Anschluß, *und genau das ist es, was ein Beobachter 'Verstehen' nennt, aber es ist dabei genau so die Mitteilung einer Information wie alle Äußerungen*, die es gegeben hat und die folgen werden."[97]

'Dahinter' steckt, daß Kommunikation im Vollsinne einer Synthese dreier Selektionen[98] „nicht direkt beobachtet, sondern nur erschlossen werden kann. Um beobachtet

---

[93] Vgl. SoSy, S. 203.
[94] So argumentieren etwa auch Kneer/Nassehi, Niklas Luhmanns Theorie sozialer Systeme, S. 81f., und Fuchs, Die Erreichbarkeit der Gesellschaft, S. 27f.
[95] SoSy, S. 241.
[96] Vgl. SoSy, S. 212, sowie die Darstellungen bei Baecker, Die Unterscheidung, S. 260f., und bei Fuchs, Moderne Kommunikation, S. 31f.
[97] Fuchs, Die Umschrift, S. 42; meine Hervorhebung, R.P.
[98] Vgl. SoSy, S. 241.

werden oder um sich selbst beobachten zu können, muß ein Kommunikationssystem deshalb als Handlungssystem ausgeflaggt werden."[99] In diesem Sinne unterscheidet Luhmann „*Kommunikation*" als „elementare *Einheit der Selbstkonstitution*", als „konstituierende und reproduzierende Autopoiesis" und „*Handlung*" als „elementare Einheit der Selbstbeobachtung und Selbstbeschreibung sozialer Systeme", *als* „*konstituiertes Element* sozialer Systeme".[100]

Dieses Verhältnis von Kommunikation und Handlung wird in späteren Texten reformuliert mit Hilfe der Begriffe Operation und Beobachtung, wobei dann die oben genannten Probleme (daß es 'soziales Verstehen' eigentlich nur für einen Beobachter gibt) auftreten. Ich verweise an dieser Stelle auf die Analysen von Fuchs, der sich – soweit ich sehe, als einziger – dieses Problems der Unbeobachtbarkeit der Operation der Kommunikation, soweit damit die Synthese von Information, Mitteilung und Verstehen bezeichnet werden soll, annimmt vermittels einer genauen Analyse der Zeitverhältnisse eines autopoietischen Prozesses und vermittels einer vergleichenden Lektüre Derridas.[101]

Eine der Schwierigkeiten beim Verstehen des Verhältnisses von Operation und Beobachtung scheint mir darin zu liegen, daß nach wie vor die Operation der Kommunikation im Vollsinne einer Synthese dreier Selektionen unbeobachtbar ist und daß die Operation beobachtbar wird vornehmlich in bezug darauf, was mit ihr beobachtet wurde, wobei es sowohl die Faktizität (daß die beobachtete Operation etwas beobachtet hat) als auch die Qualität ihrer Beobachtung (was mit ihr beobachtet wurde) nur im Nachtrag der Beobachtung durch eine Folgeoperation gibt.

Entsprechend formuliert Luhmann in einer späteren Abhandlung: „Sachlich kann man Operationen beschreiben als Erzeugen einer Differenz. Etwas ist nach der Operation anders als vorher und durch die Operation anders als ohne sie. Man denke an das Einreichen einer Klage bei Gericht oder auch nur an das Aufwerfen einer Rechtsfrage in Beziehungen des täglichen Lebens. [...] Eine Operation kann auf sehr verschiedene Weise beobachtet und beschrieben werden – das Einreichen einer Klage zum Beispiel als Affront, als willkommener Grund für den endgültigen Abbruch sozialer Beziehungen, als rechtlich zulässig, als Einheit im Kontext einer statistischen Zählung, als An-

---

[99] SoSy, S. 226; Hervorhebungen Luhmanns wurden nicht übernommen.
[100] SoSy, S. 241 und S. 325.
[101] Vgl. Fuchs, Die Umschrift, Kap. I; dort heißt es: „Vielleicht kann man sagen, daß sich jene *Synthese* tatsächlich in der Zeit verbirgt, in der différance, in der besonderen Zeitstruktur ereignisbasierter Systeme." Und: „Die Operation der Kommunikation ist die *Beobachtung*, mit der aus der Differenz von Information und Mitteilung (die sie selbst aufspannt) der Anschluß (soziales Verstehen) errechnet wird." (S. 42 bzw. 45; alle Hervorhebungen von mir, R.P.).

31

laß des Registrierens und der Vergabe eines Aktenzeichens usw. Wenn man wissen will, wie eine Operation beobachtet wird, muß man Beobachter beobachten."[102]

Der entscheidende Punkt ist, daß es schon die 'Faktizität' der durch die Operation erzeugten Differenz (daß da etwas anders ist als es vorher war) nur in der Beobachtung durch eine Folgeoperation gibt. So ist das Einreichen einer Klage bei Gericht ein bloßes 'Proto-Ereignis', das erst durch die Registratur und spezifische Behandlung im Rechtssystem zu einer im Rechtssystem konstituierten Mitteilungshandlung wird – etwa indem der Eingang der Klage bestätigt und sie zugelassen wird.

---

[102] RdG, S. 50f.

2.2 Strukturelle und operative Kopplung von Sinnsystemen

Es ist wohl deutlich geworden, daß Kommunikation nicht als intersubjektives Geschehen aufgefaßt werden kann. Vielmehr tritt an die Stelle einer wie immer gearteten Intersubjektivität ein gegenüber den beteiligten Bewußtseinssystemen emergentes Sozialsystem, das für die Fortsetzung seiner Operationen nicht genötigt ist, auf die für Kommunikation intransparent bleibenden Binnenperspektiven der beteiligten Bewußtseinssysteme zu rekurrieren: Die *„'Einheit' des Sozialen, die als 'Inter' des Subjektiven nicht zu fassen war, ist nichts anderes als die Autonomie und Geschlossenheit dieser* [sc.: kommunikativen, R.P.] *Operationsweise.“*[103] Man könnte allenfalls umgekehrt formulieren, daß Kommunikation Bedingung für Intersubjektivität ist,[104] oder besser: für Interpersonalität.

Was ist mit dem Begriff der „Person" bezeichnet? Nun, Personen dienen als „Adressen"[105] für Kommunikation, ihnen werden die oben erläuterten, *kommunikativ* zustande gekommenen Mitteilungshandlungen zugerechnet. Personen sind, kurz gesagt, Beobachtungsartefakte, also weder Bewußtseinssysteme noch Menschen. Bezeichnet wird mit diesem Begriff vielmehr *das Resultat* der Beobachtung psychischer Systeme in der strukturellen Kopplung an ihren (!) Körper durch andere (psychische oder soziale) Systeme,[106] und zwar in der Form einer „individuell attribuierte[n] Einschränkung von Verhaltensmöglichkeiten"[107]. Der Personbegriff ist also konkreter (*individuelle* Attribution) gehalten als der herkömmliche soziologische Rollenbegriff (in der Rolle als Arzt/Lehrer/Hausmann etc.). Kontrastschärfe gewinnt der Begriff jedoch erst, wenn man ihn tatsächlich als Zwei-Seiten-Form nimmt: *Person*/Unperson. Auf die Seite der 'Unperson' gehört dann nicht alles mögliche (wie Bäume, Häuser

---

[103] SozA 6, S. 180 (meine Hervorhebung, R.P.). Dieses Zitat richtet sich, wie unschwer zu erkennen ist, direkt gegen Habermas. – Man hat es, so meine Erfahrung, allgemein etwas leichter bei seiner Luhmann-Lektüre, wenn man sieht, wovon er sich abgrenzt, und diese Abgrenzung erfolgt meist per Umkehrung, so etwa im Falle der Abgrenzung von 'dem Strukturalismus': „Es ist noch keinem Strukturalisten gelungen, zu zeigen, *wie* (obwohl immer behauptet wird, *daß*) Strukturen Ereignisse erzeugen." (SozA 6, S. 61). Luhmann selbst wählt dagegen als Ausgangspunkt die systemeigene Konstitution von ereignishaften Elementen, und die fortgesetzte Reproduktion von Elementen (also die Autopoiesis des Systems) führt dann zur Ausbildung von Strukturen. Dabei kehrt Luhmann genau genommen die Erklärungsrichtung nicht einfach um – in dem Sinne, daß *erst* Elemente reproduziert *und dann* auch Strukturen ausgebildet würden –, sondern überführt sie in einen Zirkel, denn jede Operation dient *ineins* der „aktuellen Zustandsbestimmung und der Strukturselektion" des Systems (RdG, S. 49f.).
[104] Vgl. WissdG, S. 19.
[105] WissdG, S. 34; dabei ist kurz zu bemerken, daß in WissdG „Personen" noch allein als Strukturen sozialer Systeme gelten; erst ein Jahr später (in dem Aufsatz „Die Form 'Person'", SozA 6, S. 142-154) gelten sie als Formen struktureller Kopplung zwischen Sozial- und Bewußtseinssystemen.
[106] SoSy, S. 155 – was Selbstbeobachtung einschließt. Im übrigen wird in SoSy wird noch nicht so scharf zwischen „Person" (als einem Nichtsystem!) und psychischen Systemen getrennt (vgl. ebd.).
[107] SozA 6, S. 148.

etc.), sondern all das, was der Person angerechnet werden würde, wenn es bekannt würde: etwa die heimlichen Besuche im Rotlichtviertel eines ansonsten für moralisch-prüde gehaltenen Zeitgenossen.

Daß psychische Systeme überhaupt nur dank der strukturellen Kopplung an einen Körper beobachtet werden können, ist eine Sache;[108] daß ihnen in verschiedenen Sozialsystemen eine je verschiedene personale Identität zukommen kann, eine zweite;[109] daß sie für Sozialsysteme notwendig die Form einer Person annehmen müssen, eine dritte.[110]

Ich möchte diesen dritten Punkt nun etwas näher beleuchten, und zwar mit Bezug auf Interaktionssysteme. Die Funktion von Personen „im strengen Sinne von sozial identifizierten Erwartungskollagen"[111] ist primär darin zu sehen, daß sie Erwartungssicherheit für das kommunikative Geschehen sicherstellen: Mit der Bezeichnung einer bestimmten Person sind eben ganz bestimmte Verhaltensmöglichkeiten als wahrscheinlich, und das heißt: als erwartbar markiert. Dies ist wichtig, weil alle Kommunikation riskant ist. Mit einer für Luhmann typischen Formulierung: „Selbst wenn eine Kommunikation von dem, den sie erreicht, [sc. in unserem Zusammenhang: psychisch] verstanden wird, ist damit noch nicht gesichert, daß sie auch angenommen und befolgt wird. Im Gegenteil: 'Jedes ausgesprochene Wort erregt den Gegensinn'."[112]

---

[108] Vgl. KdG, S. 25f.

[109] Dies ist ein thematisch weites Feld, das im Zusammenhang mit gesellschaftsstrukturellen Veränderungen zu diskutieren wäre; vgl. hierzu G&S 3, Kap. 3: Individuum, Individualität, Individualismus, sowie Luhmann, Selbstorganisation und Mikrodiversität. Vgl. zur Bedeutung von Personalisierung für Bewußtseinssysteme und für deren Möglichkeiten zur Identitätsbestimmung in der modernen, funktional differenzierten Gesellschaft Pfeiffer, Massenmedien und Individualität.

[110] Obgleich Personalisierung vornehmlich der Regelung der Kommunikation in Interaktionssystemen dient, ist auch interaktionsfreie Kommunikation keineswegs zwingend frei von Personalisierung. So hätte ich die zu Beginn von Kap. 2.1 dieses Buchs zitierte, irritierende Formulierung Luhmanns auch seiner Person zuschreiben können, über die er selber verlauten ließ: „In allen Büchern ist irgendein heimlicher Unsinn drin, der nicht immer entdeckt wird [...]. Das geschieht in der Absicht, zur Reflexion anzustoßen [...]. Abgesehen davon aber liegt es mir auch vom Naturell her." (Luhmann, Universität als Milieu, S. 103).
Überdies gilt, daß Bücher Autoren zugeschrieben werden, obwohl „jedenfalls wo es 'wissenschaftlich' zugeht, nur sehr weniges, was in einem Buch zu lesen ist, von dem Autor selbst [stammt]." (WissdG, S. 11, Anm. 1). Nur so, d.h. vermittels personaler Zuschreibung, ist es im Prinzip möglich, den Autor zu einzelnen Passagen auch direkt (d.h. interaktionell) zu befragen; einmal ganz abgesehen davon, daß auch die Anwendung des Zweitcodes der Wissenschaft (nämlich Reputationsverteilung) Personen als Adressen erfordert (vgl. WissdG. S. 245ff.).
Daß „Personen" für die Kommunikation als „Zurechnungspunkte für Kausalannahmen und insbesondere für Verantwortung" (WissdG, S. 34) unentbehrlich sind, läßt sich schon alltäglichen Erfahrungen entnehmen – man denke nur an die Feststellung der Zurechnungsfähigkeit angeklagter Personen in Strafprozessen oder an das auf jedem Flugblatt erforderliche 'VSdP', wo dann jemand für das Geschriebene als 'Verantwortlich im Sinne des Presserechts' zeichnet.

[111] SoSy, S. 564, Anm. 18. Vgl. zur Genese von Personen SozA 6, Kap. 7, sowie das einschlägige Kapitel zur doppelten Kontingenz in SoSy; eine detaillierte Analyse des Zirkels doppelter Kontingenz findet sich bei Markowitz, Referenz und Emergenz.

[112] SoSy, S. 218.

Jede Einzelkommunikation ist also nur ein Selektionsvorschlag, ist „in dynamischer Hinsicht gesehen, nichts weiter als Anschlußfähigkeit."[113] Und dieser Anschluß kann kommunikativ sehr verschieden ausfallen: Annahme, Ablehnung, Rückfrage. Genau deshalb, d.h. wegen der verschiedenen Anschlußmöglichkeiten findet Kommunikation, wenn sie in Gang gebracht wird, nur als Prozeß statt, der den Rückbezug auf früher Gesagtes (sei es als Rückfrage, sei es als Korrektur) ermöglicht.

Hielte man nun eine Kommunikation als aussichtslos, sei es in bezug auf das unterstellte psychische Verstehen des Gegenübers, sei es in bezug auf die Annahmewahrscheinlichkeit, so würde man gar nicht erst versuchen, sie in Gang zu bringen. Dementsprechend ermöglicht umgekehrt die Kenntnis einer bestimmten Person die Vorabeinschätzung, wie etwas verstanden werden wird, welche Themen überhaupt Akzeptanz finden oder auf Interesse stoßen werden; Personkenntnis verringert also das kommunikationsspezifische Risiko der Ablehnung.

Wohlgemerkt, Personkenntnis verringert das Risiko der Ablehnung, schaltet es aber nicht aus, und dies aus zwei Gründen: Zum einen ist Personkenntnis ein Beobachtungsartefakt: A schätzt B aufgrund bisheriger sozialer Erfahrung als so-und-so bestimmte Person ein, aber dies ist eben seine bewußtseinsinterne Konstruktion;[114] zum anderen gilt: „Personsein ist eine Form"[115], d.h. auch bzw. gerade wenn B Kenntnis davon hat, wie A ihn einschätzt,[116] ergibt sich für ihn die Möglichkeit, sich hiervon abweichend zu verhalten, also die Grenze zur „Unperson" hin zu kreuzen.[117]

Was bis hierher auffällt, ist zweierlei:

Zum einen ist der kommunikative Status von „Personen" durch eine eigentümliche Ambivalenz gekennzeichnet. Denn obwohl „Personen" erst in sozialen Situationen und durch kommunikatives Geschehen gebildet werden und dort ihre Funktion haben, ist ihre *kommunikative Thematisierung* doch nur in Ausnahmefällen möglich. Anders gesagt: Gerade im kommunikativen Normalfall von Interaktionssystemen handelt es sich

---

[113] SoSy, S. 204.

[114] Ich verkürze hier in der Darstellung – vgl. SoSy, S. 156f.; daß (wie dort ausgeführt) A und B durch ihr wechselseitiges Unterstellen Realitätsgewißheit erzeugen, bleibt zwar richtig, bedarf aber vielleicht des ergänzenden Hinweises, daß die so erzeugte Realität (vergleichbar dem oben erörterten sozialen Verstehen) eine Realität eigener Art darstellt und daß diese soziale Realität keineswegs deckungsgleich mit den Binnenrealitäten der beteiligten psychischen Systeme ist (ganz analog zum Verhältnis von sozialem und psychischem Verstehen). Diese Nichtkonkordanz, wiewohl sie ungünstigen Falles auch zur Sprengung des Sozialsystems führen kann, ist zugleich der 'Motor' für seine Fortentwicklung.

[115] SozA 6, S. 154.

[116] was als explizite Kenntnis, also daß A dem B sagt, was er von ihm hält, offensichtlich nicht der kommunikative Normalfall ist, sondern eher für Konfliktfälle reserviert bleibt.

[117] Vgl. hierzu näher SoSy, S. 171f.

bei „Personen" um jeweils bewußtseinsinterne Konstrukte[118] (Beobachtungsartefakte), die von erheblicher Bedeutung für das kommunikative Geschehen sind, sich aber in genau dieser Bedeutung für das kommunikative Geschehen einer kommunikativen Problematisierung und Behandlung weitgehend entziehen.

Zum anderen erscheint vielleicht die begriffliche Trennung von Personen, die doch keine Systeme darstellen, und Bewußtseinssystemen als problematisch, wenn von „Person*sein*" die Rede ist. Gleichwohl ist an der Trennung von identifizierender Bezeichnung („Person") und dem damit bezeichneten Bewußtseinssystem (hier immer: in der strukturellen Kopplung an seinen Körper) festzuhalten: Eben wegen dieser Trennung kann sich ein Bewußtseinssystem die ihm zugeschriebene Person zu eigen machen und ihr treu bleiben oder aber durch ein unerwartetes Verhalten die Grenze zur „Unperson" hin kreuzen. Läßt sich so nun einerseits für ein Bewußtseinssystem die Freiheit konzedieren, der ihm zugeschriebenen Person treu zu bleiben oder auch nicht, so muß andererseits darauf hingewiesen werden, daß es erst (und nur!) als Person „soziale Adresse, [...] Garant seiner eigenen Identität im sozialen Verkehr"[119] wird: Es „muß eine Identität finden und deklarieren, damit sein Verhalten in dieser nur für [...] [es] geltenden Konstellation an Hand seiner individuellen Person für andere wieder erwartbar gemacht werden kann."[120]

Auf diese Weise, d.h. vermittels des „Personseins", wird in einem Sozialsystem Transparenz erzeugt, wiewohl die beteiligten Bewußtseinssysteme als solche füreinander intransparent bleiben. Der Preis für eine so gewonnene Transparenz ist freilich Kontingenz: „Die Bodenlosigkeit des Strukturgewinns wird abgefunden mit dem Pauschalzugeständnis, daß es auch anders sein könnte."[121]

Stellt man nun freilich die Frage, *wie* denn ein Bewußtseinssystem seine personale Identität garantieren kann, stößt man auf seltsame Schleifen Gödelscher Art:[122] Denn

---

[118] Ich weiche in dieser Engführung von „Personen" auf bewußtseinsinterne Konstrukte (wiewohl diese aus Anlaß von Kommunikation gebildet werden und dort ihre wesentliche Funktion haben) ab von Luhmanns eigenem Verständnis, insofern seine Darstellung der Person-Genese den Akzent auf die je eigene Einschränkung des Verhaltensrepertoires als individuelle Vorab-Disziplinierung des Verhaltens legt. Gleichwohl erscheint mir diese Verschiebung oder Engführung legitim, insofern man nicht nur fragen muß, wo und weshalb eine Einschränkung von Verhaltensmöglichkeiten statthat (nämlich im sozialen Geschehen und zur Herstellung von relativer Erwartungssicherheit), sondern auch, wo, wie und ggf. durch wen die Einschränkung von Verhaltensmöglichkeiten ausdrücklich (über das faktisch gezeigte, eingeschränkte Verhaltensrepertoire hinausgehend) *jemandem attribuiert* wird.

[119] G&S 3, S. 251f.

[120] SozA 6, S. 132; Hervorhebungen Luhmanns wurden nicht übernommen.

[121] SoSy, S. 159.

[122] Aus dieser Schleife hilft auch eine genauere Fassung der Definition des Personbegriffs, nach der „Verhalten" nämlich den Oberbegriff zu „Erleben" und „Handeln" darstellt, nicht heraus, weil es sich genau *nicht* so verhält, daß „Erleben" der Innerlichkeit eines Bewußtseinssystems zuzuschlagen wäre und „Handeln" dem sozialen Geschehen. „Erleben" wie „Handeln" sind keine phänomenalen Gegebenheiten, vielmehr bezeichnen beide verschiedene Resultate eines Zurechnungsprozesses in einem sozialen Geschehen: „Erleben" bezeichnet, daß die Ursache für eine Sinnselektion in der Um-

obwohl man natürlich versuchen kann, sich als eine so-und-so bestimmte Person zu geben,[123] hängt der Erfolg dieses Versuchs ersichtlich nicht allein an einem selbst, sondern daran, ob einem diese personale Identität im Sozialsystem auch 'abgekauft' wird: *im Sozialsystem bzw. kommunikativ,* d.h. unabhängig davon, was ein anderer psychisch davon hält.[124]

Mit einer Formulierung Luhmanns stellt sich dies Verhältnis u.U. divergierender psychischer und sozialer Realitäten so (und vielleicht im Vergleich zu obigen Ausführungen recht harmlos) dar: „Aller Anfang ist leicht. Unbekannte signalisieren sich wechselseitig zunächst einmal Hinweise auf die wichtigsten Verhaltensgrundlagen: Situationsdefinition, sozialer Status, Intentionen. Damit beginnt eine Systemgeschichte, die das Kontingenzproblem mitnimmt und rekonstruiert. Mehr und mehr geht es daraufhin dann um Auseinandersetzung mit einer selbstgeschaffenen Realität: um Umgang mit Fakten und Erwartungen, an deren Erzeugung man selbst beteiligt war und die sowohl mehr als auch weniger Verhaltensspielraum festlegen als der unbestimmte Anfang."[125]

Daß im Verlauf der Geschichte eines sozialen Systems sowohl mehr als auch weniger möglich ist als zu Beginn, ist als „Steigerungsverhältnis"[126] zu begreifen: Genau dadurch, daß sehr viel an Verhaltensweisen und vor allem an Themen ausgeschlossen wird (so ist weniger möglich als zu Beginn), ist in bezug auf die verbliebenen Themen und Verhaltensweisen eine Intensivierung der Kommunikation möglich (und so ist zugleich mehr möglich als am Anfang).

---

welt des Systems gesehen wird, im Fall des „Handelns" wird die Sinnselektion dem System zugerechnet (vgl. SoSy, S. 123f.; vgl. zur Bestimmung von „Handeln" ferner SoSy, S. 580). Zweck dieser Zurechnungsprozesse ist es, Anknüpfungspunkte für weitere, daran anschließende Selektionen oder Maßnahmen zu finden; im Falle des Erlebens werden diese in der Umwelt des Systems gesucht, im Falle des Handelns im System. Typischerweise divergieren Zurechnungsprozesse jedoch: Handelnde neigen dazu, die Ursache für ihr Handeln vornehmlich der Situation (also ihrer Umwelt) zuzuschreiben, wohingegen die durch dieses Handeln Betroffenen als diejenigen, die Handeln erleben, die Ursache eher dem Handelnden selbst zurechnen (vgl. mit Beispielen und unter Bezug auf die empirische Forschung SozA 3, Kap. 5: Erleben und Handeln, sowie Kap. 6: Schematismen der Interaktion). – Vgl. zu Zurechnungsprozessen im allgemeinen auch GdG, S. 333f.

[123] Und das schließt, traditionell gesprochen, 'Täuschung' ein, also daß man sich anders gibt, als man innerlich gestimmt ist oder als man sich bisher bzw. in anderen Sozialsystemen gegeben hat.

[124] womit – jedenfalls für die 'gute Gesellschaft' – die Einsatzstelle für Taktgefühl (Schonung des Gesprächspartners, auch wenn man seine Selbstdarstellung zu durchschauen meint) markiert wäre.

[125] SoSy, S. 184.

[126] Ein Topos in allen Luhmannschen Texten: systemtheoretisch gesprochen könnte man dies Verhältnis auch als Reduktion von Komplexität und dadurch mögliche Steigerung (Neuaufbau) von Komplexität bezeichnen; letztlich verläuft alle Systembildung nach diesem Muster: Kommunikation z.B. thematisiert nur in Ausnahmefällen die Binnenprozesse der an ihr beteiligten Bewußtseinssysteme (und auch dies geschieht dann immer nur: kommunikativ!), und gerade durch dieses Abschneiden der 'inneren Unendlichkeit' der Bewußtseinssysteme (= Reduktion von Komplexität) gewinnt sie größere Freiheit in der Thematisierung von Sachverhalten (= Neuaufbau von Komplexität).

Mit diesem Steigerungsverhältnis von ausgeschlossenen oder zurückgestellten Themen und der Intensivierung der Kommunikation über die verbliebenen Themen sind wir nun bei der Erläuterung des *Sinn*begriffs angelangt. „Sinn" ist dabei nicht emphatisch zu verstehen, also nicht gegen Sinnlosigkeit abgegrenzt; vielmehr bezeichnet der Begriff *die Einheit* der Differenz von Aktualität und Möglichkeit von Verweisungen:[127] „Wir gehen [...] davon aus, daß in aller Sinnerfahrung zunächst eine *Differenz* vorliegt, nämlich die Differenz von *aktual Gegebenem* und aufgrund dieser Gegebenheit *Möglichem.* Diese Grunddifferenz, die in allem Sinnerleben zwangsläufig reproduziert wird, gibt allem Erleben Informationswert. Im Fortgang des Sinngebrauchs stellt sich heraus, daß dies und nicht das der Fall ist; daß man so und nicht anders weitererlebt, kommuniziert, handelt; daß die Verfolgung bestimmter weiterer Möglichkeiten sich bewährt oder nicht bewährt. Es ist die Grunddifferenz von Aktualität und Möglichkeitshorizont, die es ermöglicht, Differenzen zwischen den offenen Möglichkeiten zu redifferenzieren; sie zu erfassen, zu typisieren, zu schematisieren und der dann folgenden Aktualisierung Informationswert abzugewinnen."[128]

---

[127] Als ein die Einheit von Aktualität und Möglichkeit bezeichnender Begriff ist „Sinn" ein differenzloser Begriff (was meint: ein Begriff ohne Gegenbegriff), zumal das sinnhafte Verweisen sich nicht nur auf Wirkliches oder auf als wirklich Angenommenes beziehen kann, sondern auch auf Mögliches (unter bestimmten Bedingungen Wirkliches) und auf Unmögliches (vgl. SoSy, S. 93). Weitere differenzlose Begriffe wären „Welt" als die Einheit der Differenz von System und Umwelt und „Realität" als die Einheit der Differenz von Gegenstand und Erkenntnis (vgl. hierzu Luhmann, Erkenntnis als Konstruktion, S. 41ff.). Auch „Komplexität" läßt sich unterscheidungstheoretisch definieren und wird so unabhängig von einem Gegenbegriff (etwa von dem des Einfachen), der dem Begriff einen 'Außenhalt' garantierte. (Vgl. dazu in SozA 5 das – entsprechend betitelte – Kapitel „Haltlose Komplexität"). Wie diese Begriffe im einzelnen zueinander gehören, wird im weiteren Verlauf der Diskussion hier noch deutlicher werden; vorweg nur soviel: Sinnhafte Informationsverarbeitung ist die Weise, in der Bewußtseins- und Sozialsysteme Komplexität überhaupt verarbeiten, und insofern Sinn immer nur auf weiteren Sinn verweist, ist für diese beiden Systemarten Welt immer in der Form von Sinn gegeben.

[128] SoSy, S. 111f.; ich stütze mich im folgenden also, der größeren Anschaulichkeit halber, auf die eher 'phänomenologische' Beschreibung von Sinn, wie sie in „Soziale Systeme" vorliegt und unter Zuhilfenahme der von Husserl entlehnten Horizont-Metapher gearbeitet ist. Das hat den Nachteil, daß der Anschein entstehen könnte, Sinn sei 'immer schon da' als Überfülle von Möglichkeiten, als Verweisungszusammenhang. Das genau ist jedoch nicht der Fall; vielmehr müssen Bewußtseins- und Sozialsysteme als sinn*generierende* Systemarten begriffen werden, und nur so ist der Sinnbegriff kompatibel mit dem strikt rekursiven Operieren dieser Systeme. Deshalb wird der Sinnbegriff in den späteren Schriften Luhmanns unterscheidungstheoretisch reformuliert. Sinn-*Genese* läßt sich anhand dieses Buches kurz so beschreiben: Etwas wird bezeichnet („System" z.B.), und diese Bezeichnung wird im weiteren Verlauf des Textes öfters wiederholt, so daß einerseits die bisherige Bedeutung dieses Wortes sich in verschiedenen Zusammenhängen bestätigt („kondensiert" wird), andererseits aber auch, weil es *verschiedene* Zusammenhänge sind, an Bedeutungsfülle hinzugewinnt (und so „konfirmiert" wird). (Vgl. entspr. WissdG., S. 107ff.). Im übrigen verkürze ich hier zur Darstellung der Sachdimension von Sinn (dies – und anderes; jede Folgeoperation kann dann entweder die Erörterung des genannten Dies vorantreiben oder zu anderem übergehen); die Sozialdimension, die auf die mögliche Differenz verschiedener Auffassungsperspektiven verweist, hatten wir implizit schon bei der Darstellung der Autopoiesis von Kommunikation (nämlich in der Differenz von psychischem und sozialem Verstehen) und bei der

Die Verweisungsstruktur von Sinn zwingt also zur Selektion: dies – und nicht das; und zugleich ist das aktuell Ausgeschlossene nicht 'weg', sondern lediglich 'appräsentiert', man kann darauf zurückkommen. Unter welchen Bedingungen dies möglich ist, und wie schwierig oder einfach dies ist, ist dann eine zweite Frage, die nur konkret anhand des jeweiligen Systems und seiner Geschichte zu beantworten ist, d.h. in bezug darauf, wie die Grenzen des Systems bestimmt wurden,[129] welche Strukturen gewählt wurden. Denkt man beispielsweise an ein einfaches Interaktionssystem, das initiiert wurde durch zwei begeisterte Schachspieler, so liegt, insofern sie sich primär als *Schach*freunde verstehen, eine thematische Engführung auf Schach und Verwandtes vor – und insoweit ist es in diesem Sozialsystem zunächst wesentlich wahrscheinlicher, daß über Schach als etwa über politische Ereignisse oder Probleme mit Arbeitskollegen geredet wird.

Themen dienen also nicht nur, wie am Ende von Kapitel 2 vermerkt, der strukturellen Kopplung von Bewußtseins- und Sozialsystemen, sondern sie sind zugleich auch Strukturen sozialer Systeme. Von hier aus ist gut zu sehen, was am Anfang desselben Kapitels nur in abstracto formuliert worden war: Strukturen werden operativ gebildet (also durch den bisherigen Kommunikationsverlauf), markieren aber zugleich, was die durch sie ermöglichte Vorabauswahl von Folgeelementen betrifft, Reversibilität – denn es ist ja durchaus denkbar, daß versucht wird, das Themenspektrum (die vorausgegangene thematische Engführung) dieses Sozialsystems wieder zu erweitern. Dabei kann dann genau diese Erweiterung wiederum nur operativ erfolgen, also kommunikativ.

So gesehen hat ein Sozialsystem „keine raumgebundene Existenz. [...] mit jeder Themenwahl expandiert und retrahiert das System, nimmt Sinngehalte auf und läßt andere fallen."[130] Das wiederum heißt, daß jedes Element des Systems, jede Mitteilungshandlung ihrerseits nicht nur zur Strukturbildung, sondern über diese auch zur Grenzbestimmung des Systems beiträgt.

Mithin werden also die Grenzen eines Sozialsystems über die Ausbildung von Strukturen konditioniert. Daß die Änderung von Strukturen und somit ggf. auch die Änderung der Grenzen eines Systems nicht immer unproblematisch ist, liegt daran, „daß jede Kommunikation einen *Zumutungsgehalt* hat. Sie nimmt als mindestes Zeit und Aufmerksamkeit in Anspruch. Darüber hinaus drückt jede Mitteilung, wie immer vorsichtig, auch Annahmeerwartungen aus".[131]

Diskussion des Personbegriffs kennengelernt; auf „Zeit" komme ich später noch gesondert zu sprechen. – Vgl. zu den drei Sinndimensionen die Darstellung in SoSy, S. 112-135.

[129] Vgl. zur Erzeugung von Grenzen auch Fuchs, Die Umschrift, S. 29ff.

[130] SoSy, S. 200.

[131] SoSy, S. 267.

Nun sind nicht nur Sozial-, sondern auch Bewußtseinssysteme Sinnsysteme, und insofern ergibt sich für Bewußtseinssysteme eine eigentümliche 'Verdopplung' ihrer Grenzen: Sie haben einerseits als Sinnsysteme ganz analog zu Sozialsystemen eine quasi raumlose Existenz, andererseits sind sie immer wieder zurückverwiesen an ihren Körper: „Denkend kann man überall sein, wahrnehmen kann man nur dort, wo sich der eigene Körper befindet, und der eigene Körper *muß* mitwahrgenommen werden, wenn das Bewußtsein in der Lage sein soll, Selbstreferenz und Fremdreferenz unterscheiden zu können".[132] Daß ein Bewußtseinssystem seine Grenzen letztlich *nicht* in seinem Körper sehen kann,[133] liegt daran, daß ihm dieser nur in struktureller Kopplung gegeben ist, d.h. daß er sich der sicheren Bestimmung und Steuerung durch Bewußtsein letztlich entzieht.

Daß der Körper genau nicht ein determinierbares 'Objekt' bewußter 'Intentionen' darstellt, läßt denn auch jeden Identifizierungsversuch des Bewußtseins mit seinem Körper scheitern: Wie stark auch immer beispielsweise ein Hochleistungssportler sich mit seinen selbstgesteckten Zielen bzw. bisherigen Erfolgen zu identifizieren versucht – er muß ertragen können, daß er verliert, und genau in der Niederlage erlebt er sich als unterschieden von seinem Körper. Akzeptiert er diesen Zusammenbruch der Identifikation nicht, bleibt ihm nur noch die Möglichkeit, das Feld zu räumen.[134]

An dieser Stelle bietet es sich an, die schon lange versprochene Klarstellung zu den verschiedenen Operationsmodi des Bewußtseinssystems in der Form eines Exkurses nachzuholen: Der primäre Modus ist der des Wahrnehmens, und die Leistung des Bewußtseins die Interpretation der ihm über das neurophysiologische System vermittelten körpereigenen Zustände als eigene Befindlichkeit (z.B. als Schmerz) oder als 'Welt' (Bäume, Häuser, Geräusche etc.). Durch Kommunikation vermittelt kommt Denkfähigkeit hinzu und damit die Möglichkeit, Wahrgenommenes denkend zu steuern: „Wahrnehmungen zu prozessieren und durch Gedachtes zu steuern, ist die primäre Leistung des Bewußtseins."[135] Festzuhalten ist hier, daß die Autopoiesis des Bewußtseinssystems allein über das Prozessieren von Wahrnehmungen als gesichert gelten kann, und die denkende Steuerung derselben eine 'bloß zusätzliche' Möglichkeit darstellt.[136]

---

[132] KdG, S. 27f.

[133] Anders noch: SoSy, S. 265f.

[134] Vgl. SozA 6, S. 152; ein weiteres Beispiel, nämlich zur Eigenständigkeit sexuellen Begehrens und der mangelnden Konformität desselben mit den Vorstellungen des Bewußtseins, findet sich bei Luhmann, Deconstruction as Second-Order Observing.

[135] KdG, S. 27.

[136] Es scheint, daß unter „Denken" kein weiterer, eigenständiger Operationsmodus zu verstehen ist – ganz entsprechend der grundlegenden These, daß einer autopoietischen Systemart genau ein Operationsmodus entspricht; jedoch sind, soweit ich sehe, Luhmanns eigene Ausführungen hierzu (ob und

Diese Konzeption verdient aus zwei Gründen Beachtung: Zum einen wird mit ihr der Kommunikation eine herausragende Bedeutung für Bewußtseinsbildung im emphatischen Sinn (also für ein Denkfähigkeit einschließendes Bewußtseinssystem) zugesprochen. Das bedeutet in bezug auf die je individuelle Bewußtseinsbildung in diesem emphatischen Sinn einen Vorrang von Kommunikation,[137] läuft jedoch historisch gesehen ('stammesgeschichtlich' gleichsam im Unterschied zur je individuellen 'Ontogenese') auf ein zirkuläres, wechselseitiges Sich-in-Gang-Bringen von höher entwikkeltem Bewußtsein und Kommunikation hinaus. Zum anderen ist mit dieser Konzeption grundsätzlich eine Tempo-Differenz für die Autopoiesen von Bewußtseins- und Sozialsystemen markiert. Denn Wahrnehmung zeichnet sich im allgemeinen durch Schnelligkeit aus und bietet so die Möglichkeit, relativ viele Informationen 'auf einen Blick hin' einzuholen.[138] Demgegenüber kann in der Kommunikation nur vergleichsweise wenig Information simultan prozessiert werden, und das bedeutet, daß Kommunikation vergleichsweise zeitaufwendig abläuft.[139]

In welchem Verhältnis zueinander stehen die Autopoiesis des Bewußtseinssystems und Gefühle? Emotionen stellen in der systemtheoretischen Konzeption keinen Operationsmodus des Bewußtseins dar. Sie gelten vielmehr als „Immunsystem" des Bewußtseins: Wann immer die Autopoiesis des Bewußtseins in Gefahr ist, treten Gefühle auf, und über die Wahrnehmung (als 'komisches Gefühl im Bauch') bzw. Interpretation (als Angst oder Nervosität) derselben wäre dann die Fortsetzung der Autopoiesis des Bewußtseins schon gesichert. – Die 'Gefährdung der Autopoiesis des Bewußtseinssystems' kann sich dabei sehr verschiedenen Anlässen verdanken: physische Bedrohung des Körpers, der für das Bewußtseinssystem gewissermaßen Bedingung der Möglichkeit seiner eigenen Existenz darstellt; aber auch eine Bedrohung oder Irritation gewohnter Vorstellungen – wenn etwa die eigene Person in Mißkredit gebracht wird oder auch „ein für das Bewußtsein selbst überraschendes Sichengagieren auf neuen Wegen, etwa der Liebe."[140]

Entscheidend ist, daß in dieser Konzeption Gefühle „keine umweltbezogenen Repräsentationen, sondern *interne* Anpassungen an *interne* Problemlagen"[141] darstellen. Dementsprechend wird behauptet, daß allen Gefühlen ein weitgehend einheitliches, biochemisches Geschehen zugrunde liegt, das erst durch bewußte Wahrnehmung und

---

inwieweit man z.B. Denken als Sonderfall von Wahrnehmung auffassen kann) nicht sehr umfangreich.

137 Vgl. WissdG, S. 17: „Empirisch läßt diese These vom genetischen Primat der Kommunikation sich durch Untersuchungen über Interaktion mit Babies überprüfen und, soweit man sehen kann, belegen."

138 Ein Aspekt, der besonders für die Kommunikation in Interaktionssystemen von Bedeutung ist. Vgl. SoSy, S. 560ff., sowie SozA 6, S. 262f.

139 Vgl. SozA 5, S. 119.

140 SoSy, S. 371.

141 SoSy, S. 371.

Interpretation zu der uns bekannten Vielfalt von Gefühlen führt. So wäre dann der Ausdruck bzw. die Formulierung eines bestimmten Gefühls (wiewohl sozial und näher: kulturell vermittelt) nichts anderes als „eine Selbstinterpretation des psychischen Systems im Hinblick auf die Fortsetzbarkeit seiner Operationen."[142]

Doch kehren wir zurück zur Kopplung von Bewußtseins- und Sozialsystemen. Beide Systemarten sind Sinnsysteme, denn auch Wahrnehmungen werden ja in der Form von Sinn prozessiert.[143] In einer etwas anderen Formulierung: Beide Systemarten benutzen Sinn als Medium,[144] das aus lose gekoppelten Sinnverweisungen besteht. 'Lose gekoppelt' meint dabei „nicht so etwas wie eine locker sitzende Schraube, sondern eine offene Mehrheit möglicher Verbindungen, [...] also etwa die Zahl der sinnvollen Sätze, die mit einem sinnidentischen Wort gebildet werden können."[145]

Auch Sprache läßt sich also als ein Bewußtseins- und Sozialsystemen gemeinsames Medium auffassen, und zwar als ein Medium, das durch Formbildungen (Worte, Sätze) einen präzisen Umgang mit sinnhaften Selektionen erlaubt. Anders gesagt: Sprache ermöglicht für jede aktualisierte sinnhafte Selektion „hohe Unterscheidungsfähigkeit bei gezielter Anschlußfähigkeit"[146]. Genau dadurch ist es Sozialsystemen in besonderem Maße möglich, 'Eigenkomplexität' aufzubauen, sich durch den (mehr oder weniger fixen) Ausschluß vieler Verhaltensweisen und insbesondere Themen sinnhaft abzugrenzen von ihrer Umwelt und innerhalb dieses abgegrenzten Bereichs die Kommunikation zu intensivieren.[147]

Insofern Sprache einen präzisen Umgang mit Sinnverweisungen ermöglicht, trägt sie zum Strukturaufbau von Bewußtseins- und Sozialsystemen bei, und in dieser Hinsicht kann man von der *strukturellen* Kopplung beider Systemarten durch Sprache sprechen.

---

[142] SoSy, S. 372.
[143] Vgl. SoSy, S. 114.
[144] Vgl. KdG, S. 173ff.
[145] KdG, S. 168; vgl. ferner (zur Anwendung des Medium/Form-Schemas auf die Unterscheidung von Bewußtseins- und Sozialsystemen) Baecker, Die Unterscheidung, insbes. S. 246ff.
[146] WissdG, S. 47.
[147] Dies gilt dann in verschärftem Maß für die Bildung der Funktionssysteme, deren sinnhafte wie operationale Schließung vermittels eines binären Codes zustande kommt. Die Härte der sinnhaften Schließung wird gemildert dadurch, daß über Programme, die die Kriterien für die Zuordnung von Einzelereignissen zu den Codewerten regeln, dritte Werte wieder eingeführt werden können – freilich nur insoweit, als die Bedeutung des Codes selbst nicht in Frage gestellt wird. Mit einem Beispiel: Ist das Wirtschaftssystem vermittels der beiden Codewerte 'Zahlung' und 'Nichtzahlung' operativ geschlossen, so können ökologische Gesichtspunkte als solche (oder: zu bewahrende Naturlandschaft als 'Wert an sich') keinerlei Berücksichtigung finden; vielmehr müßte das Bemühen dahin gehen, derartige dritte Werte in Preise, die der „Programmierung" oder Regulierung von Zahlungen dienen, zu übersetzen, damit dieser Gesichtspunkt berücksichtigt werden kann, obgleich nach wie vor nur gezahlt oder nicht gezahlt wird. Vgl. ÖkKom, S. 104ff. und S. 115-123; vgl. zum Verhältnis von Preisen, Leistungen und Werten Baecker, Information und Risiko, S. 64-73.

Damit ist freilich noch nicht beantwortet, *wie* es zu diesem nicht-kausalen Effekt des wechselseitigen Beitrags zur Strukturwahl kommt; sind doch Bewußtseinssysteme und Sozialsysteme operativ geschlossen: Bewußtseinssysteme nehmen Kommunikation ja nur wahr bzw. denken sich ihr Teil, während die Kommunikation weiterläuft; und auch das Lesen von Büchern allein daheim ist zwar als Teilnahme eines Bewußtseinssystems an Kommunikation zu verstehen, stellt aber noch keine Fortsetzung der Autopoiesis der Kommunikation dar.

Wie also ist *operative* Kopplung vermittels Sprache möglich? Operative Kopplung war bereits oben in Kap. 2 als Kopplung auf Ereignislänge bestimmt worden, welche dadurch zustande kommt, daß zwei Ereignisse, produziert in zwei unterschiedlichen Systemen, als ein Ereignis identifiziert werden (als Beispiel diente das Zahlungsereignis, das als Umgestaltung einer Rechtslage identifiziert wird). Genau diese Identifikationsleistung ist durch den Gebrauch von Sprache möglich: Schon einzelne Worten rufen Imaginationen bei den beteiligten Bewußtseinssystemen hervor; Luhmanns Beispiel hierfür: „Lesen Sie bitte: frische Brötchen – und ich bin sicher, daß Sie nicht etwas völlig anderes im Sinn haben als ich."[148]

Zugleich macht dieses Beispiel Luhmanns deutlich, daß das Hervorrufen von Imaginationen als selbstveranlaßten Wahrnehmungen durch Sprache keineswegs der 'Sprache an sich' als einem Zeichensystem (sei es mit oder ohne externe Referenz) zukommt, sondern erst durch den spezifischen Sprach*gebrauch* in einem Sozialsystem zustande kommt (mithin also das Generieren von Sinn in den Blick kommt). Dieses Generieren von Sinn und der spezifische Sprachgebrauch in einem bestimmten Sozialsystem zeigt sich besonders deutlich im Umgang mit kleinen Kindern angesichts spezifischer Wort-Neuschöpfungen wie „Amm" für Schmetterling oder auch „Lade" für Schokolade. Systemtheoretisch formuliert klingt der oben beschriebene Sachverhalt so: „Die Sprache besteht als ein Medium weder in den physischen Eigenschaften ihrer Zeichen noch in den Bewußtseinszuständen der Hörer und Sprecher oder Leser und Schreiber. Das Kommunikationssystem nutzt nicht ein schon vorhandenes Medium, sondern produziert und reproduziert es in der eigenen Autopoiesis."[149]

Entscheidend für das Gelingen der Kopplung beider Systemarten ist, daß diese Anregung zu Imaginationen einerseits nicht zu strikt ist (so daß jedes Wort nur ein ganz bestimmtes Bild hervorriefe), andererseits aber sich in einem kontrollierbarem Rahmen bewegt (also ein Wort nicht beliebige Assoziationen hervorruft).

So erlaubt Sprache „relativ stabile Sinnidentifikationen im Moment und destabile Sinnausweitung in jedem nächsten Moment"[150]. Operative Kopplung erfolgt also im-

---

[148] WissdG, S. 49.

[149] WissdG, S. 54. – Vgl. zu Luhmanns Verständnis von Sprache (Sprache ist kein System und hat keine externe Referenz) WissdG, S. 51ff., sowie insbes. ders., Zeichen als Form.

[150] Fuchs, Moderne Kommunikation, S. 35.

mer auf Ereignislänge ('frische Brötchen' als „relativ stabile Sinnidentifikation im Moment"), determiniert also nicht die Wahl von Anschlußereignissen in den verschiedenen Bewußtseins- und Sozialsystemen; Anschlußereignissen, die nicht nur 'sinnhaft' differieren können, sondern auch in unterschiedlich operierenden Netzwerken konstituiert werden, nämlich als Mitteilungshandlungen bzw. Vorstellungen. Damit erweist sich die operative Kopplung als Kehrseite struktureller Kopplung: ohne operative Kopplung auf Ereignislänge keine Veränderung in der Strukturwahl der beteiligten Systeme, aber andererseits ohne strukturelle Kopplung keine Möglichkeit von Kopplung auf Ereignislänge.[151]

Kurz: Sprache ermöglicht in besonderem Maße „couplage par clôture"[152], wobei die Kopplung immer nur punktuell erfolgt, ohne die operative Schließung der gekoppelten Systeme zu beeinträchtigen; und mit Ablauf eines jeden der Kopplung dienenden Formelementes (etwa eines Satzes) erneuert sich die Freiheit der gekoppelten Systeme in der je eigenen Wahl von Anschlußereignissen.

---

[151] In der Literatur wird, soweit ich sehe, die oben genannte Unterschiedenheit *und* 'Selbigkeit' von struktureller und operativer Kopplung kaum thematisiert. Ein Grund hierfür dürfte darin zu sehen sein, daß die Entwicklung dieser Terminologie in den Luhmannschen Texten relativ viel Zeit beansprucht, etwa von 1987 (vgl. Luhmann, Autopoiesis als soziologischer Begriff, S. 314f.) bis 1993, dem Erscheinungsdatum von RdG.

[152] SozA 6, S. 74; der (jedenfalls für Sinnsysteme ausgeschlossene) Gegenbegriff lautet dann: „couplage par input"; d.h. schon die Spezifizierung des 'Inputs' erfolgt im Falle der couplage par clôture durch das (etwa infolge einer Mitteilung) irritierte System.

Zweites Intermezzo: Interpenetration als blinder Fleck?

Im vorigen Kapitel hatte sich die strukturelle Kopplung als Kehrseite der operativen Kopplung erwiesen, und es war vermerkt worden, daß diese Begriffe terminologisch erst relativ spät präzise gefaßt worden sind. Damit stellt sich die Frage, wie es um den früheren Begriff der Interpenetration bestellt ist. Immerhin hatte es über einen längeren Zeitraum so ausgesehen, als lösten diese beiden Kopplungsbegriffe, ergänzt durch die wechselseitige Beobachtung von Bewußtseins- und Sozialsystemen, den Kompaktbegriff „Interpenetration" ab.[153]

In „Soziale Systeme" hieß es in bezug auf „Interpenetration": „Entscheidend ist, daß die Grenzen des einen Systems in den Operationsbereich des anderen übernommen werden können. [...] Jedes an Interpenetration beteiligte System realisiert in sich selbst das andere als dessen Differenz von System und Umwelt, ohne selbst entsprechend zu zerfallen. So kann jedes System im Verhältnis zum anderen eigene Komplexitätsüberlegenheit, eigene Beschreibungsweisen, eigene Reduktionen verwirklichen und auf dieser Grundlage eigene Komplexität dem anderen zur Verfügung stellen."[154]

Diese 'Übernahme' (oder besser: interne Rekonstruktion) der Grenzen des einen Systems in einem anderem System wird später, unter Zuhilfenahme des Begriffs der Beobachtung, so formuliert: „Für die Analyse des Verhältnisses von Bewußtsein und Kommunikation interessiert nur: daß die Trennung dieser Systeme offenbar *eine Reintegration auf der Ebene des Beobachtens* voraussetzt, wobei aber Beobachtungen zwangsläufig getrennte empirische Operationen sind, die nur entweder bewußt oder kommunikativ ablaufen können, aber logisch mächtig genug sind, um gerade diese Unterscheidung *in der Form eines 're-entry'* in das eigene System wiedereinführen zu können".[155]

Für die These, daß der Begriff der Interpenetration tatsächlich aufgegeben und im oben genannten Sinne reformuliert werden sollte, spricht nicht nur die viel zitierte Äußerung Luhmanns „Ich habe vorgeschlagen, die operative und strukturelle Kopplung, um die es hier geht, als Interpenetration zu bezeichnen,– ein sprachlich nicht sehr glücklicher und sicher klärungsbedürftiger Begriff."[156] Interessanter ist in diesem Zusammenhang die Darstellung der Schwierigkeiten bei der Ausarbeitung des Interpenetrationsbegriffs, weil in ihr zum Ausdruck kommt, weshalb Interpenetration als Kopplungsverhältnis aufgefaßt werden kann bzw. muß: „Wenn man auf die Theorie der Kommunikation als Basis der Definition und Erläuterung verzichten muß, muß man auf viel verzichten. *Es bleibt dann nur die Möglichkeit, [...] das Problem ganz aus*

---

[153] Vgl. zum Begriff der Interpenetration das einschlägige Kapitel in SoSy.
[154] SoSy, S. 295; Hervorhebungen Luhmanns wurden nicht übernommen.
[155] SozA6, S. 48; Hervorhebungen von mir, R.P.
[156] SozA6, S. 51; Hervorhebungen Luhmanns wurden nicht übernommen.

der Sozialdimension in die Zeitdimension zu verlagern und Interpenetration als eine allgemeine Form der Koordination von System und Umwelt zu begreifen, die sich der Simultaneität von Ereignissen bedient und nur so zustande kommen kann."[157] Und genau diese Form der Koordination von System und Umwelt wird ja durch den Begriff der strukturellen bzw. operativen Kopplung bezeichnet.

Gleichwohl der Begriff Interpenetration also entbehrlich geworden zu sein scheint, taucht er später wieder auf, und zwar akzentuiert im Blick auf die Bereitstellung eigener Komplexität für den Aufbau eines anderen Systems.[158]

Folgt man dem Vorschlag von Peter Fuchs,[159] so hat „Interpenetration" gegenüber struktureller Kopplung eine differente Bedeutung dergestalt, daß damit eine wechselseitige Anregung zum Strukturaufbau der beteiligten Systeme bezeichnet ist, und zwar *im Hinblick darauf, daß es sich dabei um historische, strukturdeterminierte Systeme handelt.* Hinsichtlich dieser Akzentuierung der individuellen Geschichtlichkeit der gekoppelten Systeme scheint mir der spätere Vorschlag von Fuchs, Interpenetrationsverhältnisse als Form/Medium-Verhältnisse zu begreifen, sehr genau.[160]

Dennoch bleibt m.E. ein Problem, denn die Applizierung dieser Unterscheidung Medium/Form auf das Verhältnis von Bewußtsein und Kommunikation bezeichnet dann ein Konstruktionsverhältnis aus der Perspektive eines der beiden Systeme,[161] *aber eben nicht den Prozeß* des wechselseitigen Zur-Verfügung-Stellens-von-Eigenkomplexität.

Legt man nun den Akzent auf jenen zuvor genannten Prozeß, könnte man auf die Idee kommen, „Interpenetration" als nichtoperativer Prozeß, als jenes Zur-Verfügung-Stellen-von-Eigenkomplexität bezeichne nichts anderes als das ausgeschlossene Dritte

---

[157] Luhmann, Autopoiesis als soziologischer Begriff, S. 315; Hervorhebungen von mir, R.P.
Auf die Theorie der Kommunikation als Definitionsbasis muß verzichtet werden, weil kommunikative Ereignisse *soziale* Operationen sind und weil es angesichts der operationalen Geschlossenheit autopoietischer Systeme keine Kommunikation *zwischen* sozialen und nicht-sozialen Systemen geben kann.

[158] WissdG, S. 569f.; vgl. zur Diskussion über den Begriff der Interpenetration auch die wiederholten Diskussionen in der *Luhmann mailing list.* – Baraldi/Corsi/Esposito schlagen vor, „Interpenetration" als Sonderfall struktureller Kopplung aufzufassen. Demnach könnte man von Interpenetration immer dann sprechen, wenn die gekoppelten Systeme zur Konstitution ihrer selbst notwendig auf das wechselseitige Zur-Verfügung-Stellen von Komplexität angewiesen sind. Damit wäre „Interpenetration" allerdings *nicht* für das Verhältnis von Bewußtseins- und Sozialsystemen reserviert, wie dies einige Beiträge in der *Luhmann mailing list* nahelegen. Vgl. Baraldi/Corsi/Esposito, GLU, S. 85ff., und GdG, S. 108.

[159] Vgl. Fuchs, Moderne Kommunikation, S. 36ff., sowie ders., Die Umschrift, S. 133f.
Soweit ich sehe, ist er der einzige, der dieses Problem benennt, wenngleich nicht löst; es bleibt also ein Forschungsdesiderat – denn ein „nichtoperativer Prozeß" ist unmittelbar eine contradictio in adiecto, da alle Prozesse operativ und damit immer nur systemintern ablaufen.

[160] Vgl. ders., Der Mensch, S. 29, Anm. 37; vgl. ferner zu der Begrifflichkeit Medium/Form KdG, S. 173ff., sowie unten S. 94, Anm. 332.

[161] Vgl. ders., a.a.O., S. 25ff.

der Unterscheidung von psychischer und sozialer Systemreferenz; damit stünde „Interpenetration" zuletzt für dergleichen wie einen blinden Fleck der Theorie.

Nachzutragen ist, daß nach Ansicht von Peter Fuchs der genannte „Prozeß" sinnvollerweise eher als Spannungsverhältnis, als Differenz von Komplexitäten aufgefaßt werden kann denn als 'Vorgang'; ein Spannungsverhältnis also infolge einer Komplexitätsdifferenz, in bezug auf welche man dann je systemintern Operationen konstatieren kann, die mit der 'Abarbeitung' dieser Differenz (soweit das betreffende System irritiert wird) beschäftigt sind. Aus dieser Perspektive ist dann die Rede von einem 'blinden Fleck' der Theorie nicht gerechtfertigt, wiewohl „der Theoriezusammenhang von Kopplung und Interpenetration (und ärger noch: zwischenmenschlicher Interpenetration) weitgehend unaufgeklärt ist und echte Chancen zur Innovation bietet."[162]

---

[162] So Peter Fuchs in einer e-mail an die Verfasserin im Mai 1997.

2.3 Evolutionäre Perspektiven

Ohne operative Kopplung auf Ereignislänge gibt es keine Veränderungen in der Strukturwahl der beteiligten Systeme, aber ohne strukturelle Kopplung auch keine Möglichkeit der Kopplung auf Ereignislänge.

Luhmann selbst legt dieses zirkuläre Verhältnis unter dem Stichwort der Co-Evolution psychischer und sozialer Systeme ab. Daß es dort nicht nur 'abgelegt' ist, sondern, evolutionstheoretisch betrachtet, fruchtbar gemacht werden kann, liegt wesentlich daran, daß es nicht um die Co-Evolution zweier Systemarten als zwei spezifischen Objekten geht, sondern um die Veränderung von System/Umwelt-Verhältnissen. Das heißt, „daß die Differenz von System und Umwelt jeder Änderung einen *Multiplikationseffekt* gibt. Sie ändert ein System und damit zugleich die (relevante oder irrelevante) Umwelt anderer Systeme. Jede Änderung setzt also mit hoher Wahrscheinlichkeit eine Mehrzahl von Wirkungsreihen in Gang, die gleichzeitig und dadurch unabhängig voneinander Wirkungen erzeugen, für die dann wieder das gleiche gilt. Die Welt wird aus sich heraus dynamisch, und zwar gerade wegen der Gleichzeitigkeit des Geschehenden und wegen der damit verbundenen Unmöglichkeit einer Koordination."[163]

Ich möchte hier, nämlich in bezug auf die Co-Evolution von Bewußtseins- und Sozialsystemen, zwei weiterführende Überlegungen anschließen:

1. Wenn die Verwendung von Sprache die Autonomie und 'Eigenbeweglichkeit' der gekoppelten Systemarten nicht einschränkt, wie läßt sich dann das Gelingen der Kopplung sicherstellen? Wie läßt sich ausschließen, daß die 'sinnhafte' Wahl von Anschlußereignissen allzu divergent ausfällt in den verschiedenen, an Kommunikation beteiligten Systemen?

Luhmann argumentiert überwiegend damit, daß Sprache als solche, rein auf der Ebene der Wahrnehmung, die Aufmerksamkeit des Bewußtseins auf sich zieht (artikulierte Rede stört den, der eigentlich nachdenken oder lesen möchte, mehr als bloße Geräusche – nachzuvollziehen bei jeder Bahnfahrt in voll besetzten Abteilen und sich unterhaltenden Mitreisenden) und so auch zur Beteiligung an Kommunikation animiert.[164] Dies Argument hat sicherlich sein gutes Recht; andererseits weiß jeder Lehrer, daß die Faszination des Bewußtseins (einiger Schüler z.B.) durch Sprache keineswegs zwingend glückt; und so bleibt denn letztlich nur die Formulierung möglich: „Die Attraktion von Bewußtsein ist nicht der Zweck, nicht der Sinn, nicht die Funktion von Kommunikation; nur: wenn sie nicht gelingt, hört die Kommunikation auf."[165]

---

[163] GdG, S. 433f.
[164] Vgl. etwa WissdG, S. 47f.
[165] WissdG, S. 51.

Auf die Frage, was denn dann der Zweck oder die Funktion von Kommunikation ist, gibt es zwei Antworten: Zum einen hat Kommunikation (insbesondere auf Gesellschaft überhaupt bezogen) keinen Zweck, wenngleich sich natürlich einzelne Sozialsysteme einen Zweck geben können.[166] Zum anderen erlaubt Kommunikation, „Unerwartetes, Unwillkommenes, Enttäuschendes verständlich zu machen. 'Verständlich' heißt dabei nicht, daß man auch die Gründe zutreffend begreifen und den Sachverhalt ändern könnte. Das leistet die Kommunikation nicht ohne weiteres. Entscheidend ist, daß Störungen überhaupt in die Form von Sinn gezwungen werden und damit weiterbehandelt werden können."[167]

Fuchs setzt bei dieser Frage nach dem Gelingen der Kopplung zwischen Bewußtseins- und Sozialsystemen anders an: Statt wie Luhmann von einer Faszination des Bewußtseins durch Sprache auszugehen, die gesellschaftlich gesehen eine geschichtlich erworbene ist, vom Individuum her gesehen je neu erworben werden muß, bemüht er sich um den konversationsanalytisch geführten Nachweis der Eigenstrukturiertheit von Kommunikationsprozessen und um die Klärung des zeitlichen Zusammenspiels sozialer und psychischer Operationsprozesse.[168]

2. Wenn es stimmt, was Luhmann hinsichtlich der gesellschaftlichen Evolution behauptet, daß nämlich gesellschaftsstrukturelle Veränderungen vergleichsweise abrupt einzutreten vermögen, „wenn die Prägung des Bewußtseins durch Kommunikation sich neue Möglichkeiten erschließt"[169], dann wäre zu überlegen, was es bedeutet, wenn herkömmliche Medien sich verändern oder überhaupt an Bedeutung verlieren. Aus der sehr weitführenden Diskussion um mögliche Konsequenzen der 'neuen Medien' (Stichworte 'Internet' und 'Multimedialität') möchte ich hier nur einen Punkt herausgreifen, nämlich die zunehmende Bedeutung von Wahrnehmungskapazität im Vergleich zu 'kommunikativen Fähigkeiten'.

Moderne Filme wie z.B. Video-Musik-Clips und Comic strips, die durch ihre außerordentlich rasante Schnittechnik den durchschnittlichen Erwachsenen von heute hinsichtlich seiner Wahrnehmungskapazität (Schnelligkeit) überfordern, bereiten damit aufgewachsenen Kindern bzw. Jugendlichen wahrnehmungstechnisch kaum Probleme. Zugleich wäre an das allmähliche Verschwinden einer ausgefeilten Lese- und Schreibkultur zu denken. Was immer an deren Stelle treten mag (und es geht hier nicht um den

---

[166] Vgl. hierzu G&S 2, Kap. 1: Selbstreferenz und Teleologie in gesellschaftstheoretischer Perspektive, insbes. S. 35f..

[167] SoSy, S. 237.

[168] Vgl. Fuchs, Moderne Kommunikation, S. 41f. und S. 48-60 sowie (zur temporalen Koordination) S. 139ff. und S. 202ff.

[169] SozA 6, S. 42.

möglichen Untergang kultureller Errungenschaften)[170],– auffällig ist die Korrespondenz dieser Entwicklung zu schnellerer Wahrnehmungsfähigkeit bei reduzierter 'Kommunikationsfähigkeit' mit tiefgreifenden Veränderungen in der Gesellschaftsstruktur.

Mit diesen tiefgreifenden Veränderungen in der Gesellschaftsstruktur ist die ansatzweise zu beobachtende Überformung („Supercodierung") des Schemas funktionaler Differenzierung durch das Schema Inklusion/Exklusion gemeint. Inhaltlich ist mit 'Inklusion/Exklusion' dann das bezeichnet, was in der politikwissenschaftlichen Forschung unter dem Schlagwort der Zweidrittelgesellschaft diskutiert wird bzw. – weltweit betrachtet – unter dem der Marginalisierung, womit die Abkopplung ganzer Staaten von der Weltwirtschaft in Verbindung mit einer lebensbedrohlichen Verelendung weiter Bevölkerungskreise bezeichnet wird.[171]

Funktionale Differenzierung als solche ist dadurch ausgezeichnet, daß die Teilnahme eines Individuums an einem Funktionssystem (also die Inklusion seiner Person in dieses Funktionssystem) nur in geringem Maße einen Rückschluß darauf erlaubt, wie sich die Teilnahme desselben Individuums an einem anderen Funktionssystem gestaltet: Arbeitslosigkeit führt nicht zu einem Verlust bürgerlicher Rechte, determiniert auch nicht die Teilnahme am politischen System; umgekehrt garantiert einem der eigene wirtschaftliche Erfolg keineswegs, daß man auch einen bevorstehenden Rechtsstreit gewinnen oder politische Karriere machen wird.

Empirisch beobachten läßt sich nun, daß diese behauptete Interdependenzunterbrechung zwischen den Funktionssystemen – also daß nur in vergleichsweise geringem Ausmaß ein Rückschluß von der Beteiligung an einem Funktionssystem auf die Beteiligung an einem anderen möglich ist – bestenfalls für den Inklusionsbereich gilt, nicht aber auch für den Exklusionsbereich: Dauerarbeitslosigkeit führt, gerade in Kombination mit Überschuldung schnell zum Verlust der Wohnung, damit de facto auch zum

---

[170] Vgl. hierzu exemplarisch Neil Postman, Wir amüsieren uns zu Tode. Postman beklagt nachdrücklich „den Niedergang des Buchdruck-Zeitalters und den Anbruch des Fernseh-Zeitalters" (S. 17) und verbindet dies mit der These, daß das Fernsehen als Medium die Strukturen des öffentlichen Diskurses derart verändere (vgl. S. 39f. und 130), daß dadurch ineins die Urteilsfähigkeit der Zuschauer unterminiert wie auch die „Grundlage der freiheitlichen Demokratie, nämlich die Informationsfreiheit" ruiniert werde (S. 169); letzteres deshalb, weil im Fernsehen, wie schon der Titel des Buches sagt, alles zu bloßem Entertainment verkomme. –
Vgl. ferner die Überlegungen von Vilém Flusser, Die Schrift (insbes. Kap. 10: Lesarten).

[171] Paradigmatisch für diese Entwicklung ist etwa die Marginalisierung Afrikas südlich der Sahara, dessen Anteil am Weltsozialprodukt 1991 noch 0,8 % betrug – oder in einem griffigen Vergleich: „Das kombinierte Sozialprodukt von etwa 50-60 afrikanischen Ländern ist etwa um ein Drittel geringer als das alleinige Sozialprodukt des Schwellenlandes Südkorea." (Menzel, Der Strukturwandel der Weltwirtschaft, S. 5; vgl. entsprechend die – zugleich in bezug auf die einzelnen afrikanischen Länder detailliertere – Darstellung bei Menzel, Das Ende der dritten Welt). Vgl. als Überblick zum Zusammenhang von weltwirtschaftlicher Entwicklung und Sozialstaatsproblematik Menzel, Wenn sich die Finanzwelt von der Warenwelt verselbständigt.

Verlust der politischen Rechte (ohne festen Wohnsitz keine Wahlbenachrichtigung), erschwerter medizinischer Versorgung etc.[172]

Problematisch ist also, daß Exklusion mit einem 'Selbstverstärkungseffekt' einhergeht. Die Rigidität der sich wechselseitig verstärkenden Exklusionsverhältnisse (mit geringen Chancen, auf die Inklusionsseite zu wechseln) ist evident in den Slums der

---

[172] Daß die 'Exklusionsspirale' bzw. Marginalisierung regelmäßig von der nicht länger erfolgreichen Teilnahme am Wirtschaftssystem ausgeht, ist m.E. das stärkste Argument gegen Luhmanns Behauptung, in der funktional differenzierten Gesellschaft habe kein Funktionssystem mehr den Primat über andere. – Ein Argument freilich, das 'von außen' herangetragen wird; dagegen wäre aus Sicht der Systemtheorie zum einen geltend zu machen, daß kein Funktionssystem in der Lage ist, den von ihm erzeugten Exklusionsbereich zu regeln, wiewohl die jeweilige Selbstbeschreibung des Funktionssystems genau dies zu können behauptet (vgl. entspr. SozA 6, S. 260f.). Zum anderen würde die Theorie einen Primat des Wirtschaftssystems im strengen Sinne verneinen (also die jeweilige Autonomie der verschiedenen Funktionssysteme betonen – vgl. entspr. WissdG, S. 289ff.), gleichwohl aber angesichts der Geldabhängigkeit von Organisationen und der Organisationsabhängigkeit der meisten Funktionssysteme „eine latente Dominanz" des Wirtschaftssystems zugestehen (WirtdG, S. 322; diesen Stellenhinweis verdanke ich Nassehi/Nollmann, Inklusionen. Organisationssoziologische Ergänzungen, S. 405). Das heißt, salopp formuliert, die Systemtheorie würde den Spruch 'Geld regiert die Welt' als 'unterkomplexe Beobachtung' zurückweisen und zugleich anerkennen, daß 'ohne Geld (fast) alles nichts ist'. Sie würde also anerkennen, daß z. B. ohne entsprechende Gelder viele Forschungsprojekte gar nicht erst zustande kommen, würde jedoch geltend machen, daß sie – wenn sie zustande kommen – nach Maßgabe der im Wissenschaftssystem geltenden Codierung und Programme durchgeführt werden.
Vgl. im übrigen zum Zusammenhang von Funktionssystembildung und zugehörigem symbolich generalisierten Medium GdG, S. 388ff.; dort heißt es: Die „Unterschiede der Systembildungsfähigkeit der verschiedenen symbolisch generalisierten Kommunikationsmedien [...] führen (neben anderen Faktoren) zu einem ungleichen Wachstum der Funktionssysteme, also auch zu einer ungleichen Bedienung der Funktionen, [...] ohne daß dem eine heimliche Rationalität oder eine Rangordnung der Funktionen zugrunde läge. Die Gesellschaft geht nicht auf wie Sauerteig, sie wird nicht gleichmäßig größer, differenzierter, komplexer, wie die Fortschrittstheorien des 19. Jahrhunderts meinten (und meinen konnten, weil sie die Gesellschaft nur als Wirtschaftssystem begriffen). Sie komplexiert vielmehr einige Funktionsbereiche und läßt andere verkümmern." (A.a.O., S. 391f.).
Luhmanns Behauptung, daß die Funktionssysteme, *gerade wenn sie rational operieren*, Personen ausschließen oder so stark marginalisieren, daß dadurch auch die Teilnahme an anderen Funktionssystemen erschwert bzw. verhindert wird (vgl. G&S 4, S. 148), bedarf einer gesonderten Betrachtung. An ihr wird nämlich besonders deutlich, weshalb Luhmann 'Systemkonservatismus' bzw. eine theoretische Rechtfertigung des Status quo der gesellschaftlichen Verhältnisse vorgeworfen wurde; und der Vorwurf wäre berechtigt, wenn es sich tatsächlich so verhielte, daß die jeweilige Rationalität der Funktionssysteme zwangsläufig Exklusionsverhältnisse erzeugte, die sich jedweder Regelung entzögen.
Nun ist diese Behauptung, daß gerade die *Rationalität* der Funktionssysteme zwangsläufig zu Exklusionsverhältnissen führt, durch Luhmanns eigene (!) systemtheoretische Überlegungen in keiner Weise gedeckt, denn „Rationalität" bedeutet, daß ein System sich an der Einheit der von ihm selbst produzierten Differenz von System und Umwelt orientiert – „kausaltheoretisch" formuliert: daß es „seine Einwirkungen auf die Umwelt an den Rückwirkungen auf es selbst kontrollieren muß" (SoSy, S. 642). Dieses Konzept von Rationalität bezeichnet als nicht eine gesamtgesellschaftliche (sc.: vernünftige) Rationalität, sondern erfordert die je systemspezifische Reformulierung der Einheit der Differenz von System und Umwelt als Vielfalt aufeinander bezogener System/Umwelt-Verhältnisse. Vgl. hierzu ÖkKom, Kap. 20; vgl. ferner Kneer, Bestandserhaltung und Reflexion, sowie GdG, Kap. 1, XI, insbes. S. 176-186.

Großstädte.[173] Dort zeigt sich denn auch in besonders drastischem Ausmaß die große Bedeutung gesteigerter Wahrnehmungsfähigkeit, der gegenüber 'Kulturtechniken' wie Lesen und Schreiben, aber auch verbale Kommunikation überhaupt von entschieden nachgeordneter Bedeutung sind, hängt doch die bloße Überlebensfähigkeit im wesentlichen an der Schnelligkeit der Wahrnehmung, die sozusagen im Nu die Einschätzung einer Situation erlaubt – sei es als günstige Gelegenheit, sei es als Gefahr.

Die gestiegene Bedeutung von Wahrnehmung und damit auch die primäre Wahrnehmung von Menschen als Körpern (Wirkt jemand bedrohlich? Eignet sich jemand als Opfer für einen Überfall?) und nicht als Personen, ist nun keineswegs auf den Exklusionsbereich begrenzt. Vielmehr greift die auf Körperlichkeit reduzierende Wahrnehmung auch genau an den jeweiligen Grenzen zwischen Inklusion und Exklusion – so erhalten etwa territoriale, staatliche Grenzen (wiewohl in bezug auf die Inklusionsseite der Funktionssysteme ein Anachronismus) neue Bedeutung, insofern mit ihrer Hilfe mehr oder weniger erfolgreich Wanderungsbewegungen, wahrgenommen als räumliche Bewegung von Körpern, kontrolliert werden können.

Daß sich auch im Inklusionsbereich selbst eine Verlagerung auf Körper- statt Personwahrnehmung abzeichnet – paradigmatisch sei auf eine, bis in die Liebessemantik hineinreichende Akzentuierung von Körperlichkeit (Fitneß, Sportlichkeit, 'fair play') verwiesen[174] – kann hier nur angedeutet werden. Zu überlegen wäre, inwieweit diese Verlagerung als ein Indiz für eine Erosion des Inklusionsbereiches aus sich selbst heraus genommen werden könnte.

Überdies wäre diese Verlagerung zusammenzubringen mit Veränderungen in der Bestimmung von Individualität, nämlich der möglichen Rückkehr des plaisir/ennui-Syndroms.[175] Letzteres lenkte dann die Aufmerksamkeit auf gängige und neu sich entwickelnde Unterhaltungsangebote, womit sich der Kreis schließt: Stichwort 'Neue Medien'. – Dieser Rundblick hier macht zugleich deutlich, welche Chancen ein systemtheoretischer Zugriff bietet, um verschiedenste Entwicklungen und Einzelforschungen zueinander in Beziehung zu setzen und ein neues Licht auf sie zu werfen.

Bleibt noch nachzutragen, daß in der aktuellen Diskussion umstritten ist,[176] ob und wie zwischen Marginalisierungsprozessen, wie sie etwa in den westlichen Industriestaaten

---

[173] Vgl. zum Verhältnis von funktionaler Differenzierung und Inklusion/Exklusion RdG, S. 582ff., SozA 6, Kap. 13: Inklusion und Exklusion. G&S 4, Kap. 5: Jenseits von Barbarei, sowie Peter Fuchs, Weder Herd noch Heimstatt, Rudolf Stichweh, Inklusion/Exklusion, funktionale Differenzierung und die Theorie der Weltgesellschaft, sowie Armin Nassehi/Gerd Nollmann, Inklusionen. Organisationssoziologische Ergänzungen (mit weiteren Literaturverweisen).

[174] Vgl. LaP, S. 203f.

[175] Vgl. G&S 3, S. 236.

[176] Vgl. die in Anm. 173 genannten Literaturverweise zum Verhältnis von funktionaler Differenzierung und Inklusion/Exklusion.

zu beobachten sind, und Verelendungsprozessen in globalem Maßstab zu unterscheiden ist.

Als Unterscheidungskriterium kann das Ausmaß gelten, in dem funktionale Differenzierung realisiert ist. So begreift Fuchs globale Verelendungsprozesse als Folge der mangelnden Durchsetzung funktionaler Differenzierung. Bei Marginalisierungsprozessen dagegen, wie sie z.b. in den westlichen Industriestaaten zu beobachten sind, also im Rahmen weithin realisierter funktionaler Differenzierung stattfinden, greifen grundsätzlich Transferzahlungen (wie etwa Sozialhilfe), so daß man statt von Exklusion von „supplementärer" oder „substitutiver Inklusion" sprechen müßte. Entsprechend führt ein solcher Marginalisierungsprozeß zwar zu einer erheblichen Beschädigung, aber nicht zu einem exkludierenden „Komplettverlust" der Adresse: „Die alleinerziehende Mutter, die von Sozialhilfe lebt, ist selbstverständlich von kompletten Inklusionsansprüchen weitgehend entfernt, aber sie ist zweifelsfrei nach wie vor eine Adresse im Inklusionsbereich."[177]

Sein Vorschlag, Erwerbsarbeit als Medium für den Inklusions- bzw. Exklusionsmodus der funktional differenzierten Gesellschaft aufzufassen,[178] ist prima facie überzeugend. Gleichwohl ist m.E. zu überlegen, ob nicht diese Bestimmung vielleicht zu kurz greift angesichts der wachsenden Bedeutung von Einkommen aus den Erträgen von Kapitalanlagen: Weltweit ist der Anteil an Erträgen aus Kapitalanlagen an allen erwirtschafteten Einkommen aus dem Ausland von 7 % in den 60er Jahren auf etwa 19 % Anfang der 90er Jahre gestiegen. Bei den großen Kapitalexportländern liegt dieser Anteil allerdings wesentlich höher: für Großbritannien etwa bei 76 %, für Japan bei 47 %, in den USA immerhin bei 32 %, für die BRD bei erst 20 %.[179] Die Zahlen für die privaten Haushalte entsprechen dieser Tendenz, auch wenn die Zuwachsraten bescheidener ausfallen: 1994 stammte jede dritte D-Mark in bundesdeutschen Privathaushalten aus Vermögenseinkünften oder Privatentnahmen, 15 Jahre früher war es nur etwa jede vierte D-Mark gewesen.[180]

---

[177] Fuchs, Weder Herd noch Heimstatt, S. 427. Gegen die Vorstellung von Inklusion als einem „steigerbaren Sachverhalt" (also als graduell möglicher, mehr oder minder gelungener Inklusion) wenden sich Nassehi und Nollmann. Vgl. dies., Inklusionen. Organisationssoziologische Ergänzungen, insbes. S. 399ff.

[178] Fuchs, Weder Herd noch Heimstatt, S. 430ff.

[179] Menzel, Virtuelle Transfers ersetzen reale Beziehungen.

[180] Claus Schäfer, Die Spirale der sozialen Polarisierung. Dabei ist im Vergleich von 1978 und 1994 der Anteil der öffentlichen Einkommenstranfers (Sozialhilfe, Arbeitslosengeld, Renten etc.) nahezu unverändert geblieben (23 bzw. 22 %), der Anteil der sogen. Masseneinkommen (Nettolöhne u. -gehälter sowie öffentliche Einkommenstransferzahlungen) ist von 77 % (1978) auf 67 % (1994) gesunken. Vgl. zu den strukturellen Veränderungen im Wirtschaftssystem grundlegend Baudrillard, Der symbolische Tausch und der Tod, insbes. Kap. I (Das Ende der Produktion) und II (Die Ordnung der Simulakren). Vgl. ferner zur Rückbindung dieser Veränderungen an die Inklusions-/Exklusionsdebatte Nassehi/Nollmann, Inklusionen. Organisationssoziologische Ergänzungen, insbes. S. 408f.

3 Systeme und Umwelten II

Sowohl Bewußtseins- als auch Sozialsysteme sind Sinnsysteme, und das bedeutet insbesondere, daß sie ihre Grenzen sinnhaft bestimmen. Derart bestimmte Grenzen verweisen sowohl nach innen auf das System als auch nach außen auf dessen Umwelt. Was immer Gegenstand der Wahrnehmung oder Thema einer Kommunikation wird, wird dies in der Form von Sinn, und erst unter dieser Voraussetzung kann ein Sinnsystem unterscheiden, ob es in seiner Umwelt mit weiteren Sinnsystemen, mit anderen autopoietischen Systemen oder auch mit nicht-systemhafter Umwelt zu tun hat.[181]

Zugleich ist mit der Sinnhaftigkeit der Grenzen sichergestellt, daß kein Sinnsystem sich dauerhaft an seine Umwelt oder an sich selbst verlieren kann, weil jeder Gegenstand, jedes Thema ja sinnhaft gegeben ist, mithin Verweisungsbezüge offen hält.

Formulierungen wie Gegenstand und gegeben sind dabei cum grano salis zu lesen; denn streng genommen ist dem Bewußtseinssystem kein Gegenstand gegeben:[182] Es ist ja vielmehr seine eigene Leistung, körpereigene Zustände als eigene Befindlichkeit oder als 'Phänomen draußen' (Baum, Wind etc.) zu interpretieren. So ist denn die „Außenwelt eine eigene Konstruktion des Gehirns", die „nur durch das Bewußtsein so behandelt wird, als ob sie eine Realität 'draußen' wäre."[183]

Daß sich ein Sinnsystem mit jeder neuen Operation entweder auf seine Umwelt oder aber auf sich selbst bezieht, sei mit einem Beispiel für das Bewußtseinssystem verdeutlicht: Jede Folgeoperation muß *entweder* an dem zuvor Wahrgenommenen (diese Rose da) anschließen (und z. B. Besonderheiten ihrer Farbe etc. bemerken) bzw. zu einer anderen umweltbezogenen Wahrnehmung übergehen (etwa auf die Vögel im Garten aufmerksam werden) *oder* zu dem, der dies wahrgenommen hat (und nun beispielsweise wahrnimmt, daß er sich über diese Rose freut).[184] Anders gesagt: Jede Folgeoperation schließt *entweder* an die Fremdreferenz *oder* an die Selbstreferenz der vorangegangenen Operation an. Und nichts anderes gilt für Kommunikation: Jede Folgeäußerung unterscheidet an der vorangegangenen Äußerung Information (als die Fremdreferenz von Kommunikation) und Mitteilung (als die Selbstreferenz von Kom-

---

[181] Vgl. SoSy, S. 110. – Diese Unterscheidung von Systemen in der Umwelt eines Systems hatte sich ja weiter oben bereits beiläufig als notwendige Voraussetzung für jedes Bemühen um Rationalität erwiesen. Die spätere Aufgabe des phänomenologischen Sinnbegriffs macht es erforderlich, das Unterscheiden von Systemen in der Umwelt eines Systems an den Begriff der strukturellen Kopplung bzw. an den der Irritation zu knüpfen. oder genauer: an die Beobachtung eines Systems, daß es in spezifischer Form durch etwas irritiert wird.

[182] Vgl. oben in Kap. 2.2 die Darstellung des Operationsmodus' des Bewußtseins (siehe S. 40f.).

[183] KdG, S. 15. – Luhmann argumentiert also durchaus konstruktivistisch; zu seiner Abgrenzung gegenüber dem sogenannten Radikalen Konstruktivismus, wie er etwa von Ernst von Glasersfeld u. a. vertreten wird, vgl. unten S. 69f. u. 88f.

[184] Vgl. hierzu näher SozA 6, S. 66f.

munikation) und schließt an eine der beiden Seiten an, so daß im Falle des Anschlusses an die Fremdreferenz das bisherige Thema vertieft oder gewechselt, im Falle des Anschlusses an die Selbstreferenz etwa nach den Gründen für eine bestimmte Mitteilung gefragt wird.

Weil Bewußtseins- und Sozialsysteme sich selbst und ihre Umwelt in der Form von Sinn erfassen, kann man einen System und Umwelt übergreifenden Begriff von Welt bilden. „Welt" bezeichnet dann die Einheit von System und Umwelt, „eine Einheit, die nur für Sinnsysteme aktuell wird, die sich von ihrer Umwelt zu unterscheiden vermögen und daraufhin die Einheit dieser Differenz reflektieren als Einheit, die zwei Unendlichkeiten, die innere und äußere, umfaßt." So verstanden ist Welt „nichts Ursprüngliches, nichts Archehaftes, sie ist eine Abschlußeinheit als Anschlußvorstellung an eine Differenz"[185], und so ist sie ein genaues Korrelat von Sinn als der Einheit von Aktualität und Möglichkeit von Verweisungen.

Andererseits kann nicht genug betont werden, daß jedes System seinen eigenen Schnitt durch 'die Welt' legt, sich nämlich durch sein Operieren abgrenzt von seiner Umwelt. Damit sieht 'die Welt' für jedes System anders aus: Sie ist die immer nur

---

[185] Beide Zitate aus SoSy, S. 284. – Die Differenz zum am Ende von Kapitel 2.3 kurz vorgestellten Rationalitätsbegriff (s. S. 51, Anm. 172) ist zunächst darin zu sehen, daß „Welt" als gedachte Abschlußeinheit der Unterscheidung von System und Umwelt, die die Einheit aller nur möglichen sinnhaften Verweisungen bezeichnet (vgl. SoSy, S. 106), jedes weitere Beobachten im strengen Sinn (vgl. oben Kap. 1.1) und mithin jedes beobachtende Operieren eines Systems zum Stillstand bringt: Was wäre noch sinnhaft zu unterscheiden und zu bezeichnen, wenn die *Einheit aller* Verweisungen bezeichnet wird? Denn die einzelnen Verweisungen werden ja nach dem Muster 'dies – und nicht das' realisiert, also vermittels unterscheidenden Bezeichnens.
Da sich jedoch das Bemühen um Rationalität nicht zum Stillstand bringen lassen kann und darf, muß die für rationales Operieren geforderte Orientierung an der Einheit von System und Umwelt (also die Orientierung an „Welt" im oben genannten Sinn; vgl. entspr. ÖkKom, S. 257) wiederaufgelöst werden in eine Unterscheidung: Die operativ erzeugte System/Umwelt-Differenz muß in das System wiedereingeführt werden, nimmt dort die Form der Unterscheidung von Selbstreferenz und Fremdreferenz an und muß *als diese Unterscheidung* weiteren Systemoperationen zur Orientierung dienen (vgl. ÖkKom, S. 247, sowie WissdG, S. 693ff.). Als diese Unterscheidung – d.h. es geht nicht um die beiläufige Verwendung dieser Unterscheidung wie in jeder Operation, sondern darum, daß das System in sich die Differenz von System und Umwelt reflektiert. Die Reflexion darf dabei nicht einfach auf eine der beiden Seiten der Unterscheidung zielen, denn es geht ja um das Verhältnis der beiden Seiten zueinander, und ebensowenig dürfen beide Seiten der Unterscheidung 'aufeinanderklappen', denn die Einheit dieser Unterscheidung ist ja „Welt" als differenzloser Letztbegriff, d.h. als Begriff ohne Gegenbegriff.
In dieser Bestimmung von Welt als Begriff ohne Gegenbegriff klingt im übrigen auch die behauptete Paradoxieträchtigkeit derartiger Letztbegriffe an: Sind doch Begriffe – im Unterschied zu Objekten – dadurch definiert, daß auch die andere Seite der Unterscheidung expliziert wird. So etwa ist 'Zentrum' als Begriff der politikwissenschaftlichen Diskussion von 'Peripherie' unterschieden; um 'Natur' als Begriff zu verwenden, müßte man ebenso angeben, wovon man sie unterscheiden möchte: etwa von 'Technik' oder von 'Kultur'. (Vgl. WissdG, S. 124.) Und wovon wäre „Welt" als Letztbegriff noch unterschieden? – Vgl. ferner zum Zusammenhang von Rationalität, Paradoxie und Paradoxieentfaltung das einschlägige Kapitel in GdG, insbes. S. 178ff.

systemrelativ konstituierte Einheit von System und Umwelt. Daß jedes System durch sein Operieren sich ausgrenzt aus 'der Welt' und sich ineins damit abgrenzt von *seiner* Umwelt (die zu seiner Umwelt ja nur durch die Grenzziehung des Systems wird), darf dabei nicht mißverstanden werden als „System-Solipsismus". *Kein* System könnte ohne Umwelt bestehen, und *jedes* Sozialsystem setzt in seiner Umwelt, quasi als Voraussetzung seiner eigenen Bildung und Reproduktion, wenigstens zwei selbstreferentiell agierende, Informationen verarbeitende „Prozessoren"[186] voraus, üblicherweise Bewußtseinssysteme oder andere Sozialsysteme. Daß ein jedes System nur einen systemrelativen Weltbegriff erzeugen kann, ist unvermeidlich, weil das System ja von seinen aktualisierten Sinnverweisungen, von seiner eigenen Grenzbestimmung, von seinen systeminternen Schemata, die ihm zur Informationsgewinnung dienen, ausgehen muß. Und in genau diesem Sinne wird 'die Welt' (jedenfalls für Sinnsysteme) „multizentrisch"[187], sieht die Welt als je systemrelativ konstituierte Einheit von System und Umwelt für jedes System anders aus.

Diese Verhältnisse (Grenzziehungen und je systemrelative Konstitution von Einheit) werden anschaulicher, wenn man sich die Differenzierung der Gesellschaft in Funktionssysteme vor Augen führt. Jedes Funktionssystem rekonstruiert die Gesamtgesellschaft als Einheit von Funktionssystem und gesellschaftsinterner Umwelt: „Je nach interner Schnittlinie ist das Gesamtsystem [d.i.: die Gesellschaft, R.P.] dann mehrfach in sich selbst enthalten. Es multipliziert seine eigene Realität. So ist das moderne Sozialsystem Gesellschaft zugleich: politisches Funktionssystem und dessen gesellschaftsinterne Umwelt; wirtschaftliches Funktionssystem und dessen gesellschaftsinterne Umwelt; wissenschaftliches Funktionssystem und dessen gesellschaftsinterne Umwelt; religiöses Funktionssystem und dessen gesellschaftsinterne Umwelt; und so weiter."[188]

Wenn jedes Funktionssystem zusammen mit seiner gesellschaftsinternen Umwelt faktisch die Gesamtgesellschaft 'ist', so daß, wie zitiert, die Gesamtgesellschaft als funktional differenzierte ihre Realität multipliziert, dann kann keine dieser gesellschaftsinternen System/Umwelt-Grenzen als „ontologische" aufgefaßt werden: Keine

---

[186] SoSy, S. 191

[187] SoSy, S. 284.

[188] SoSy, S. 262; dabei ist auch Gesellschaft als soziales *System* nur in Differenz zu einer systemrelativen *Umwelt* zu denken, welche zunächst einmal alles Extra-Soziale, alle Nicht-Kommunikation ist. Hier ist dann in bezug auf die Umwelt je nach Erkenntnisinteresse weiter zu unterscheiden, z.B. Bewußtseinssysteme in der Umwelt der Gesellschaft. Nebenbei bemerkt kann man aus einer systemtheoretischen Perspektive heraus nicht, wie es sich in alltäglicher Redeweise eingeschliffen hat, von 'Ökosystemen' reden, denn wie grenzten diese sich gegen ihre Umwelt ab und was wäre ihr einheitlicher Operationsmodus? Luhmann schlägt deshalb den Ausdruck 'Öko-Komplex' vor (vgl. SoSy, S. 55 Anm. 52). Als ökologisch ließen sich dann Fragestellungen auffassen, die sich mit der Einheit von System und Umwelt angesichts der Differenz beider beschäftigen (vgl. ÖkKom, S. 21f.), was dann ökologische Fragestellungen in äußerste Nähe zur Frage nach Rationalität rückt (vgl. entspr. ÖkKom, Kap. 20).

System/Umwelt-Differenz „zerschneidet [...] die Gesamtrealität in zwei Teile: hier System und dort Umwelt. Ihr Entweder/Oder ist kein absolutes, es gilt vielmehr nur systemrelativ"[189].

Dementsprechend erfolgt auch jeder Versuch eines Funktionssystems, die Gesamtgesellschaft als Einheit von Funktionssystem und gesellschaftsinterner Umwelt zu beschreiben, eben aus der Perspektive des jeweiligen funktionalen Teilsystems und ist insofern unaufhebbar systemrelativ. Mithin ist eine solche Beschreibung, was die Darstellung der Gesamtgesellschaft betrifft, nicht 'falsch', wohl aber einseitig; sie gilt für die Gesamtgesellschaft gewissermaßen nur mit 'Systemindex'.[190]

Dasselbe gilt m.m.[191] für jede systemrelative Reflexion auf „Welt" als die Einheit von einem bestimmten System und seiner Umwelt: Sie ist nie 'falsch', wohl aber hinsichtlich der aktualisierten Sinnverweisungen und Bestimmungen, die sich ja dem jeweiligen System verdanken, von allen anderen, ebenfalls immer nur systemrelativ erzeugbaren Reflexionen auf „Welt" unterschieden. Ein Konvergieren dieser je systemrelativ zustande gekommenen Reflexionen auf „Welt" in dem Punkt 'einer gemeinsamen Welt' kann nur *gedacht* werden (nämlich unter Akzentuierung der *Einheit* aktualisierter und möglicher Sinnverweisungen), bleibt aber operativ für ein System unerreichbar. Warum? Nun, ein jedes System konstituiert sich ja gerade dadurch, daß es sinnhafte Grenzen zieht, daß es bestimmte Anschlußmöglichkeiten realisiert und andere vorläufig oder endgültig ausschließt. Genau diese Selektionsleistung, die man auch als Reduktion von Komplexität bezeichnen kann, strukturiert das System und stabilisiert seine Grenze zur Umwelt. Eine vollständige Einbeziehung aller nichtrealisierten (oder eben: von anderen Systemen realisierten) Möglichkeiten sinnhafter Anschlußmöglichkeiten würde die systemeigene Grenze tilgen.[192]

Was ist dann der Zweck, die Funktion des Weltbegriffs als „Letzthorizont[s] allen Umgangs mit Sinn"[193]?

---

[189] SoSy, S. 244.

[190] Die Beschreibung der Gesamtgesellschaft aus der Perspektive des Wirtschaftssystems wäre entsprechend mit G_W abzukürzen, aus der Perspektive des politischen Systems mit G_P usw.

[191] Mutatis mutandis: „Welt" ist (wie übrigens auch Umwelt) niemals ein System, anders als die Gesellschaft.

[192] Vgl. hierzu, freilich aus einem anderem Kontext heraus, M.A.C. Otto, Der Anfang, S. 56: „Es ist nicht möglich, das Allmögliche in das Allwirkliche zu überführen. Denn Wirklichsein heißt Begrenztsein, heißt Gefaßtsein und sich fassen in etwas Bestimmtes, das etwas anderes nicht sein will und kann. Es heißt *eines* Weges ziehen wohin. Sich Zeit nehmen. Das Allmögliche kann sich keine Zeit nehmen. Um alles zu sein, müßte es auf einen Schlag alles sein. Es ist nicht möglich, daß alles Mögliche *auf einen Schlag* wirklich ist. Denn das Wirkliche ist wirklich, weil es sich wohin bewegt, wo es noch hin zu verwirklichen gibt. Dadurch und so lange ist es wirklich." Und: Dem Wirklichen „sind seine Grenzen sein eigen, sie konstituieren es durch und durch. Sie lassen keinen Hohlraum, darin dann Etwas, das Wirkliche, sitzt. Das Etwas ist ja das Was und Wie seiner Grenzen." (Dies., a.a.O., S. 44).

[193] Luhmann, Stellungnahme, S. 383.

Diese Frage stellt sich umso dringlicher, als es verschiedene Textstellen in „Soziale Systeme" gibt, die diesem Begriff von Welt als Letzthorizont eine Integrationsleistung gegenüber den je systemrelativ erzeugten und deshalb voneinander verschiedenen Reflexionen auf Welt zuzusprechen scheinen. So heißt es etwa, die Welt sei nicht nur die Summe aller möglichen, sinnhaften Verweisungen, sondern darüber hinaus „die Einheit dieser Möglichkeiten. Das heißt vor allem: daß der Welthorizont jeder Differenz ihre eigene Einheit als Differenz garantiert. *Damit hebt er auch die Differenzen aller Einzelsystemperspektiven auf,* indem für jedes System die Welt die Einheit der eigenen Differenz von System und Umwelt ist. [...] Sie *ist so zugleich* [...] diese *tragende Meta-Gewißheit,* daß die Welt irgendwie alles Auflösen und alles Einführen von Unterscheidungen konvergieren läßt. Sie ist momentan und überhaupt vorauszusetzende Geschlossenheit der Zirkularität sinnhafter Selbstreferenz."[194]

Derartige Äußerungen haben den Verdacht genährt, Luhmanns Theorie sei letztlich doch „identitätslogisch" gebaut,[195] und sie haben etwa Günter Thomas zu der These geführt, „daß sich hinter der Konzeption eines integrierenden Letzthorizontes ein nicht befriedigend zu lösendes Problem der Theorie verbirgt: das der Abstimmung multipler systemrelativer Welten und der Sicherstellung universaler Anschlußfähigkeit"[196]; schärfer noch: „daß Luhmann mit der Bestimmung von Welt als 'Letzthorizont alles Sinnes' [...] seinem Anspruch, 'am Anfang' stehe 'nicht Identität, sondern Differenz' (*SoSy,* S. 112) nicht gerecht werden kann und eine Einheitsvorstellung pflegt, die entgegen seiner Behauptung, keine Metaphysik treiben zu wollen, dennoch deutlich in diese Richtung strebt. Die Theorie hat speziell im Fall von Sinn und Welt die Struktur: Bestimmtheitsgewinn durch die Entfaltung von differenzloser, unbestimmter Identität."[197]

Nun ist die Ausführung dieser Kritik durch Thomas sehr instruktiv, weil er darauf aufmerksam macht, daß der Luhmannsche Weltbegriff in „Soziale Systeme" ein dreifacher ist: Welt als Letzthorizont = W_1; Welt als je systemrelativ erzeugte Einheit von einem bestimmten System und seiner Umwelt = W_2; Welt als 'die eine wirkliche Welt',

---

[194] SoSy, S. 106, meine Hervorhebungen (R.P.).
[195] So Wagner/Zipprian, Identität oder Differenz?, S. 398; vgl. ferner Wagner, Am Ende der systemtheoretischen Soziologie, mit der Behauptung, Luhmann könne nicht zeigen, wie sich „die für seine systemtheoretische Soziologie konstitutive Differenz von System und Umwelt ohne eine zugrunde liegende Identität denken läßt" (a.a.O., S. 277), und sein Ziel sei eine Fortschreibung der Hegelschen Theorie vom Widerspruch in gesellschaftstheoretischer Perspektive (a.a.O., S. 286). – Diesen Teil der Kritik an Luhmann, der behauptet, es sei die Identität des Selbst in der Zeit, die allem Selbstreferieren zugrundeliegt (Wagner/Zipprian, Identität oder Differenz, S. 400) werde ich später in Kapitel 3.2 aufgreifen (vgl. unten S. 74f).
[196] Thomas, Welt als relative Einheit, S. 329.
[197] Thomas, Welt als relative Einheit, S. 345.

auf die sich die Theorie bezieht[198] = W_3. Gleichwohl verfehlt sie in der These, die Luhmannsche Theorie gehe insgeheim doch von Identität statt von Differenz aus, ihr Ziel.

Was den ersten Teil der Kritik betrifft, daß W_1 als operative Fiktion erforderlich sei, um multiple, je systemrelative Welten aufeinander abstimmen zu können, so wäre zumindest zu erwidern, daß der Terminus der „Abstimmung" äußerst unglücklich gewählt ist, weil er die Konnotation sinnhafter Abstimmung, wenn nicht gar des Konsenses zwischen verschiedenen Systemen mit sich führt, während die Leistung der Luhmannschen Theorie ja genau darin besteht zu zeigen, wie soziale Systembildung möglich ist, *ohne* sinnhafte Verständigung oder Abstimmung in emphatischer Bedeutung vorauszusetzen. – Richtig ist natürlich, daß für die Bildung eines emergenten sozialen Systems selbstreferentielle und sinnverarbeitende Prozessoren (wie etwa Bewußtseinssysteme) vorausgesetzt werden,[199] und insofern ist Thomas zuzustimmen, wenn er sagt: „Order [d.i.: strukturierte Komplexität eines neu emergierenden Systems, R.P.] entsteht nicht aus pure noise, sondern nur aus *noise* in der Form von Sinn."[200] – Das stimmt soweit auch ganz mit Luhmanns eigener Beurteilung überein, daß es „unhaltbar [ist] anzunehmen, ein System könne die eigenen Strukturen auf Grund eines bloßen Rauschens der Umwelt [...] aufbauen. Das würde viel zu lange dauern."[201]

Das Problem der Luhmannschen Theorie, soviel läßt sich von der späteren Theorieentwicklung her sehen, liegt nicht in der Inkompatibilität von W_1 und W_2, sofern ein phänomenologischer Sinnbegriff zugrunde gelegt wird;[202] denn wie oben bereits deut-

---

[198] Vgl. etwa SoSy, S. 30: „Die folgenden Überlegungen gehen davon aus, daß es Systeme gibt. Sie beginnen also nicht mit einem erkenntnistheoretischen Zweifel. Sie beziehen auch nicht die Rückzugsposition einer 'lediglich analytischen Relevanz' der Systemtheorie. Erst recht soll die Engstinterpretation der Systemtheorie als eine bloße Methode der Wirklichkeitsanalyse vermieden werden." Mithin geht es um „eine Analyse realer Systeme der wirklichen Welt." Kurz: „Der Systembegriff bezeichnet also etwas, was wirklich ein System ist, und läßt sich damit auf eine Verantwortung für Bewährung seiner Aussagen an der Wirklichkeit ein."

[199] Vgl. SoSy, S. 191 und S. 156f.

[200] Thomas, Welt als relative Einheit, S. 353.

[201] Luhmann, Autopoiesis als soziologischer Begriff, S. 313; vgl. entspr. Luhmann, Erkenntnis als Konstruktion, S. 41, wonach eine „unbekannt bleibende Realität, *wäre sie total entropisch*, keine Erkenntnis ermöglichen würde." (Meine Hervorhebung, R.P.) – Hierauf werde ich in Kap. 3.1 näher eingehen (vgl. unten S. 68f.).

[202] W_1 ist allerdings inkompatibel mit einer strikt operativ gedachten Fassung von W_2 (vgl. entsprechend Luhmann, Stellungnahme, S. 383), und genau das war der Grund für Thomas' „gedankliches Experiment", demzufolge sich „auch zwischen der Welt als Letzthorizont (W_1) und der Welt als systemrelativer Einheit (W_2) ein prozessualer Zusammenhang herstellen läßt: allerdings um den hohen Preis, daß [...] die Differenzorientierung aufgegeben wird und dem Sinn eine Dynamik der Selbstentfaltung zugesprochen wird." (Thomas, a.a.O., S. 344f.).
Daß der phänomenologisch gefaßte Sinnbegriff mit dem operationalen Sinnbegriff nicht vereinbar ist, war bereits weiter oben vermerkt worden (s. S. 38, Anm. 128). Vgl. hierzu Fuchs, Moderne Kommunikation, S. 62ff.

lich wurde, kann man ein 'Konvergieren' der verschiedenen systemrelativen Reflexionen auf Welt durchaus *denken*, wenn man nur den Akzent auf die *Einheit* von aktualisierten und möglichen Sinnverweisungen legt. Das Problem liegt vielmehr in der Rückbindung der vielen W_2 an W_3, oder genauer: in der theoretischen Reformulierung von W_3 als einer für alle Systeme gemeinsamen Welt, einer gemeinsamen Realität.

Es ist genau diese Stelle, an der die Funktion von W_1, der Welt als Letzthorizont, angesiedelt ist: Indem W_3, die 'eine wirkliche Welt' für Bewußtseins- und Sozialsysteme immer nur in der Form von Sinn zugänglich ist, wird W_3 (jedenfalls für Sinnsysteme) mit W_1 ineins gesetzt, so daß jeder systemrelativ erzeugte Weltbegriff W_2 über W_1 zurückgebunden wird an W_3.

Daß damit noch nicht alle Schwierigkeiten gelöst sind, zeigt die bereits weiter oben zitierte Formulierung in bezug auf die Frage, welche Qualität denn den Grenzen zukommt, die ein System zieht, wie man sich „die Verortung der System/Umwelt-Differenz in der Realität" zu denken hat: *„Die Differenz* ist keine ontologische, und darin liegt die Schwierigkeit des Verständnisses. Sie *zerschneidet nicht die Gesamtrealität in zwei Teile:* hier System und dort Umwelt. *Ihr Entweder/Oder* ist kein absolutes, es *gilt vielmehr nur systemrelativ, aber gleichwohl objektiv.* "[203] – Unschwer zu sehen, daß „Realität" bzw. „Gesamtrealität" sich auf 'die eine wirkliche Welt' (W_3) beziehen; daß die System/Umwelt-Differenz keine ontologische ist, bereitet ebenfalls keine Probleme;[204] problematisch ist jedoch, daß jede System/Umwelt-Grenze einerseits als ontisch verstanden werden müßte, insofern Systeme wirklich sind, andererseits aber diese Grenze nicht als seiend aufgefaßt werden darf, weil dies zu einer 'Zerteilung' der Welt (W_3) führen würde.[205] Kurz: die 'Objektivität' einer jeden System/Umwelt-Differenz bleibt hier gewissermaßen noch in der Schwebe.

Die Fortführung des Zitats läßt (jedenfalls aus der Retrospektive) erkennen, in welcher Richtung die Lösung der 'Realitätsproblematik' gesucht wird: Das Entweder/Oder jeder System/Umwelt-Differenz „ist Korrelat der Operation Beobachtung, die diese

---

[203] Beide Zitate aus SoSy. S. 244; meine Hervorhebung, R.P.

[204] Als ontologisch gilt nämlich Luhmann jede Theorie, die mit der Unterscheidung Sein/Nichts anfängt (vgl. in diesem Sinn etwa SozA 5, S. 17ff.), und er beginnt demgegenüber seine Theorie ja mit der Unterscheidung von System und Umwelt, welche beide (System wie Umwelt) als 'wirklich seiend' verstanden bzw. gesetzt werden.

[205] Dies hätte die Rückkehr zu einem Denken im Schema von Ganzem und Teilen zur Folge (vgl. SoSy, S. 37). Dann könnte Gesellschaft eben nicht, wie gezeigt, als „unitas multiplex" (ÖkKom, S. 205) gedacht werden, also nicht als Gesellschaft, die sich über *autonome* (gleichwohl aufeinander angewiesene) Funktionssysteme rekonstituiert, sondern nur – gemäß dem Paradigma des Vorteils von Arbeitsteilung – als *gegliedert* in Funktionssysteme. Damit stellte sich – ganz in Analogie zu einer arbeitsteilig organisierten Fabrik – aber nur einmal mehr die Frage nach der 'Leitung' des Ganzen. Einmal mehr: die Diskussion um 'das Staatsversagen', insofern 'der Staat' als zuständig für 'das Gemeinwohl' begriffen wird, ist inzwischen mehr als 15 Jahre alt.

Distinktion [...] in die Realität einführt. Wir gehen dabei [...] von *'naturalen' Opera-tionen* aus"[206].

Stark gemacht wird also die Realität des Operierens von Systemen. Damit einher geht eine Betonung des immer nur systemrelativ zu erzeugenden Weltbegriffs (W_2), und der Weltbegriff als Letzthorizont (W_1), der ein 'Konvergieren' verschiedener systemrelativer Weltbegriffe *denkbar* erscheinen läßt, wird quasi ersatzlos gestrichen: Es wird nun radikal ernst mit dem in Kap. 1 genannten Verlust des 'archimedischen Punktes', der eine Überführbarkeit verschiedener Weltkonzeptionen, verschiedener Be-obachtungsstandpunkte in irgendeiner Form noch hätte leisten können.

Die theoretische Reformulierung der 'einen wirklichen Welt' (W_3), die doch unver-zichtbar bleibt, insofern jede Systembildung nicht aus dem Nichts heraus erfolgt, son-dern einen 'materiellen Unterbau' erfordert und auf strukturelle Kopplungen mit ande-ren Systemen angewiesen ist,[207] erfolgt dergestalt, daß die beiden für die Theorie un-verzichtbaren Komponenten des Begriffs der 'einen wirklichen Welt' neu gefaßt wer-den: Welt als 'eine' Welt, d.h. es geht zuletzt um die Bestimmung und Bedeutung von *Zeit* – unabdingbar schon deshalb, weil strukturell gekoppelte Systeme ja als 'gleich-zeitig existierend' verstanden werden müssen; Welt als 'wirkliche' Welt, d.h. es ist nä-her um die Bestimmung von *Wirklichkeit* zu tun – eine Bestimmung, die entsprechend der Problemlage (eine wirkliche Welt, viele wirkliche Systeme) mehrstufig ausfallen wird.

[206] SoSy, S. 244, meine Hervorhebung (R.P.).
[207] Vgl. zur Evolution SoSy, S. 294: „Evolution ist [...], systemtheoretisch gesehen, ein zirkulärer Pro-zeß, der sich in die Realität hinein (nicht: ins Nichts hinein!) konstituiert." – Eine Auffassung, die sich auch in den späteren Texten durchhält, vgl. etwa WissdG, S. 30 und S. 39 („Materialitätskontinuum" als Basis autopoietischer Systeme), und vor allem GdG, Kap. 3, insbes. S. 427f.

3.1 Erkenntnis und Wirklichkeit

Wiederum möchte ich mit einem Zitat beginnen: „Wenn immer man denkt oder sagt: es 'gibt' eine Sache, es 'gibt' eine Welt, und damit mehr meint als nur, es gibt etwas, das ist, wie es ist, dann ist ein Beobachter involviert. Für einen Beobachter des Beobachters, für uns also, ist die Frage nicht: *was* gibt es? – sondern: *wie* konstruiert ein Beobachter, was er konstruiert, um weitere Beobachtungen anschließen zu können."[208]

Das 'Wie' allen Beobachtens hatten wir schon ganz zu Anfang kennengelernt (vgl. oben Kap. 1.1): eine Unterscheidung, die im Moment ihres Gebrauchs (nämlich um etwas bezeichnen zu können) selbst nicht auch noch beobachtet, nicht zugleich unterschieden-und-bezeichnet werden kann, eine Unterscheidung mithin, die nur 'blind' verwendet werden kann.

Angesichts der Frage, was 'Welt', 'wirkliche Welt' etc. noch heißen kann, wenn es um ein Realitätsverständnis geht, „das Realität als eine Zwei-Seiten-Form des 'Was' und des 'Wie' annimmt – des 'was beobachtet wird' und des 'wie es beobachtet wird"[209] ist es nützlich, auf die Notationsweise von George Spencer Brown zu rekurrieren, die Luhmann übernimmt und terminologisch erweitert.[210] Wenn jedes Beobachten einen blinden Fleck braucht, wenn mithin in Anlehnung an die Terminologie Spencer Browns jeder Unterscheidungsgebrauch zugleich einen markierten wie einen unmarkierten Raum schafft,[211] so sehen die Verhältnisse wie folgt aus:

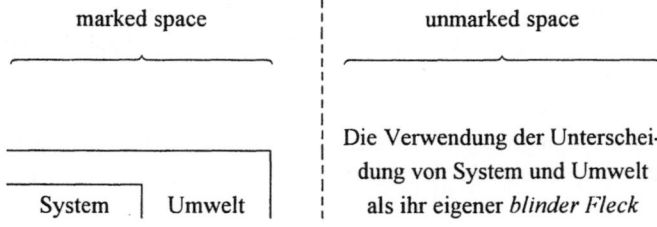

marked space | unmarked space

System | Umwelt | Die Verwendung der Unterscheidung von System und Umwelt als ihr eigener *blinder Fleck*

---

[208] WissdG, S. 62f.
[209] Luhmann, Die Realität der Massenmedien, S. 152.
[210] Terminologische Erweiterung: das bezieht sich auf die Einführung des „unmarked state" als einer Bezeichnung für die Welt vor jeder Unterscheidung; vgl. KdG, S. 51f., Anm. 63.
[211] Es ist daran zu erinnern, daß Sinnsysteme keine räumlichen Grenzen haben; insofern ist die Rede von einem markierten bzw. unmarkierten *Raum* unglücklich.

Fügt man nun diesem Schema die im vorigen Kapitel unterschiedenen Weltbegriffe hinzu, so ergibt sich folgendes Bild:

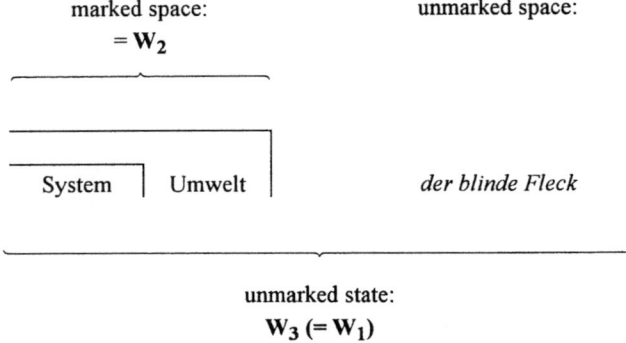

marked space:
$= W_2$

unmarked space:

System | Umwelt

der blinde Fleck

unmarked state:
$W_3 (= W_1)$

Die wirkliche Welt W_3 als unmarked state ist, als Welt vor jeder Unterscheidung, unbeobachtbar. Ihre Existenz wird nicht bezweifelt,[212] doch mangels jeglicher Unterscheidung könnte man sie allenfalls tautologisch bezeichnen als das, was ist, wie es ist. Insofern ferner diese unbeobachtbare, weil unterscheidungslose Welt vorausgesetzt wird als das, was ein Unterscheiden, was ein Beobachten „toleriert"[213], bewegt sich dieser Weltbegriff in großer Nähe zu dem in „Soziale Systeme" verwendeten Begriff von Welt als Letzthorizont (W_1), von dem es hieß, er lasse „irgendwie alles Auflösen und alles Einführen von Unterscheidungen konvergieren"[214] – daher die Gleichsetzung von W_3 und W_1 in diesem Schema.

Keiner der hier unterschiedenen Weltbegriffe ist für die Brauchbarkeit und Nützlichkeit der Systemtheorie in der soziologischen Forschung von Bedeutung. Die Klä-

---

[212] Vgl. etwa Luhmann, Sthenographie und Euryalistik, S. 61: „Eine andere, nochmals verallgemeinerte Formulierung für diesen Sachverhalt wäre: daß der Schluß von Unbeschreibbarkeit auf Nichtexistenz logisch nicht begründet werden kann." – Oder, in anderer Formulierung: „Selbst Negationen [etwa im Sinne eines Bestreitens der Existenz von W_3, R.P.] müßten ja voraussetzen, daß man zuvor das unterscheidet und bezeichnet, was man negieren will." (KdG, S. 94). – Dabei sei daran erinnert, daß die *System*theorie Luhmanns nicht mit der Behauptung oder der Bestreitung der Existenz von W_3 anfängt (vgl. SozA 5, S. 37), sondern mit der Unterscheidung von System und Umwelt.

[213] WissdG, S. 93. – Dieses Tolerieren ist wörtlich zu nehmen: Die Welt, was immer das ist, nimmt hin, erträgt ihr Beobachtet-Werden, wodurch sie sichtbar (durch Unterscheiden und Bezeichnen) und unsichtbar (durch den unvermeidlichen blinden Fleck allen Beobachtens) gemacht wird. Sie differenziert sich also nicht selber nach System und Umwelt, bestimmt sich nicht selbst. Und so ist denn auch, wenn alles Beobachten mit Systembildung anhebt, folglich jeder Unterscheidungsgebrauch einem System zuzurechnen ist, ihr Beobachtet-Werden nichts anderes als systeminterne Konstruktion (vgl. WissdG, insbes. S. 515-531).

[214] SoSy, S. 106.

rung ihres Verhältnisses zueinander wirft jedoch Licht auf den erkenntnistheoretischen Hintergrund der Systemtheorie und damit auch auf ihre 'Architektonik'. Und erst die unterscheidungstheoretische 'Unterfütterung' der Systemtheorie erlaubt es, ihren Anspruch als „Supertheorie" einzulösen. „Supertheorie" meint nicht nur eine fachuniversale Theorie (also eine Theorie, die beansprucht, *alles* Soziale erklären zu können), sondern darüber hinaus auch eine Theorie, die andere theoretische Ansätze reformulieren kann.[215] Genau dies führt Luhmann dann etwa für den Habermasschen Begriff der Lebenswelt durch, der als Resultat wiederholten Unterscheidens und Bezeichnens als das Vertraute kondensiert.[216] Und eben dieses Reformulieren wäre nicht möglich, wäre der Systemtheoretiker nicht selbst zur „Ratte im Labyrinth" geworden; es ist nur möglich, wenn er „reflektieren [kann], von welchem Platz aus er die anderen Ratten beobachtet."[217]

Erst unter erkenntnistheoretischen, und das heißt näher: unterscheidungstheoretischen Prämissen wird der blinde Fleck als solcher, d.h. als unvermeidliche operative Latenz allen Beobachtens erkennbar, und so erst wird auch die Willkürlichkeit des Anfangs, nämlich mit der Unterscheidung System/Umwelt zu beginnen, reflektierbar.

Auch das Verhältnis von Erkenntnis und Wirklichkeit (oder „Kognition" und „Realität") läßt sich mit Hilfe der oben dargestellten Schemata erläutern.

Erkenntnis ist an Beobachten und somit an den Unterscheidungsgebrauch eines Systems gebunden;[218] es gibt für die von einem System gebrauchten Unterscheidungen kein Korrelat in der Umwelt des Systems: „Der Eigenbeitrag der Systeme, der Kognition erst ermöglicht und dem in der Umwelt nichts entspricht, liegt im Unterscheiden."[219] Es gibt Erkenntnis also nur als je systeminterne Konstruktion, wiewohl die Kognitionen eines Systems sich sowohl auf es selbst wie auf seine Umwelt beziehen können. Die Schemata veranschaulichen dabei, was es heißt, „daß der Bezug auf die Realität der Außenwelt durch den blinden Fleck der Erkenntnisoperation hergestellt wird."[220]

---

[215] SoSy, S. 19.
[216] Vgl. Luhmann, Die Lebenswelt, S. 182. – Diese Reformulierung des Habermasschen Begriffs der Lebenswelt führt dann Fuchs zu einer Kritik der Habermasschen These einer zunehmenden Entkoppelung von System und Lebenswelt, die als solche nicht sehr weit führe, weil sie nicht sehen könne, „daß der Einsatz der Unterscheidung von vertraut/unvertraut überall 'Lebenswelten' auswirft: im Großraumbüro ebenso wie in der Klause des Mystikers, im Atomkraftwerk so gut wie auf der Kommandoebene der RAF." (Fuchs, Die Erreichbarkeit der Gesellschaft, S. 122).
[217] Luhmann, Erkenntnis als Konstruktion, S. 24.
[218] Man kann von „Erkenntnis" sprechen, soweit eine Beobachtung für das beobachtende System zu wiederverwendbaren Ergebnissen führt – vgl. entspr. SozA 5, S. 40.
[219] SozA 5, S. 41.
[220] SozA 5, S. 51.

„Realität der Außenwelt" – dies ist nicht nur auf die Umwelt des erkennenden Systems zu beziehen, sondern ebenso auf W_3 als unmarked state vor jeder Unterscheidung. Denn auch die Realität von W_3 wird nicht bestritten, wenngleich sie unerkennbar bleibt, es sei denn, sie werde durch irgendeine Unterscheidung sichtbar (und zugleich, vermittels des blinden Flecks jeder operativ gebrauchten Unterscheidung, unsichtbar) gemacht – doch damit befänden wir uns schon im mittleren 'Feld' der zweiten Skizze, in dem durch die Unterscheidung von System und Umwelt aufgeteilten 'Raum', oder besser: in der je systemrelativ konstituierten Welt W_2.

Für die Welt als unmarked state, als letzte Realität, läßt sich dann nur sagen: „Wenn Erkennen Sinn erfordert so wie Sinn Unterscheidungen, muß die letzte Realität sinnlos gedacht werden."[221]

Doch weshalb überhaupt auf Welt als unmarked state, als Welt vor jeder Unterscheidung, rekurrieren, wenn alles Erkennen Unterscheidungen erfordert und so nur als systeminterne Leistung begriffen werden kann?

Nun, die Unbeobachtbarkeit der Welt als unmarked state, die Unvermeidbarkeit des Gebrauchs von Unterscheidungen zum Zwecke der Beobachtung und die damit unvermeidliche Blindheit jeder Beobachtung (weil die zur Beobachtung genutzte Unterscheidung uno actu nur blind verwendet werden kann) ist nicht nur 'die Basis' der Luhmannschen *System*theorie,[222] sondern ebenso der Dreh- und Angelpunkt für die Beurteilung anderer Ansätze oder Theorien durch Luhmann:[223] Man ist keineswegs gehalten, seine Theorie mit der Unterscheidung von System und Umwelt anzufangen, kommt jedoch, folgt man Luhmann, um die Paradoxiehaftigkeit allen Beobachtens nicht herum, und dann stellt sich nur noch die Frage a) nach der Brauchbarkeit der verwendeten Unterscheidung, d.h. danach, wie strukturreich eine davon ausgehende Theorie sein kann und b) ob die Theorie die Reflexion auf die verwendeten Unterscheidungen zuläßt, mithin Aufschluß über den 'Standort des Beobachters' geben kann.

---

[221] SozA 5, S. 51.

[222] Vgl. etwa WissdG, S. 82: „Alles, was beobachtet wird, ist mithin abhängig von der Unterscheidung, die der Beobachter verwendet. [...] Dieser Unterscheidungsrelativismus gilt vor allem Systemrelativismus, der seinerseits davon abhängt, daß dem Beobachten die Unterscheidung System/Umwelt zu Grunde gelegt wird."
Das Zitat stützt die oben vertretene These der Vorgängigkeit des unterscheidungs- oder beobachtungstheoretischen Ansatzes vor der Wahl konkreter, theorieentscheidender Unterscheidungen (etwa System/Umwelt statt Sein/Nichts). Dem ließe sich freilich ein anderes Zitat entgegenstellen, das beide Theoriekomponenten in einem zirkulären Verhältnis sieht. Demnach „implizieren die Theorie des Beobachtens und die Systemtheorie einander wechselseitig, und es bedürfte der Beobachtung eines weiteren Beobachters, wenn man ausmachen will, ob und für wen die eine oder die andere Theoriekomponente den Primat erhält. Wir begnügen uns mit der in dieser Hinsicht neutralisierten Feststellung: der Beobachter ist ein Zirkel." Und: „Wir setzen den Beobachter zunächst die Brille System/Umwelt auf, um es ihm zu ermöglichen, eine Realität zu sehen, die es ihm ermöglicht, dem Zirkel zu entkommen." (Beide Zitate aus: SozA 5, S. 101; vgl. auch SozA 6, S. 21).

[223] Vgl. etwa zu Derrida Luhmann, Deconstruction as Second-Order Observing.

Theorie sein kann und b) ob die Theorie die Reflexion auf die verwendeten Unterscheidungen zuläßt, mithin Aufschluß über den 'Standort des Beobachters' geben kann. Die Rede von einer 'Basis' ist leicht mißverständlich. Deshalb sei noch einmal klar herausgestellt, daß die Welt als unmarked state weder zur Begründung der Wahl bestimmter Unterscheidungen taugt noch die Wahl bestimmter Unterscheidungen nahelegt; oder anders gewendet: Welt als unmarked state ist nicht begründende, asymmetrisch gedachte Einheit, ist kein Emanationsprinzip: „Die Frage nach dem (ermöglichenden) Grund transformiert sich damit in die Frage nach der Unterscheidung des Unterscheidens, also in eine offenkundig selbstimplikative Problemstellung. Der Übergang von der Frage nach einer (begründenden, also asymmetrisch gedachten) Beziehung zu einer Einheit wird umgedacht in die Frage nach einer operativ benutzten Differenz, und *man kann erkennen, daß damit Zirkel und Paradoxien nicht länger abgewiesen werden können, sondern ins Spiel kommen.*"[224]

Und genau in diesem Sinne hat der unterscheidungstheoretische Ausgangspunkt Konsequenzen für die Theorie: Hiernach bewegen sich alle Aussagen zwischen der Tautologie 'Etwas ist, was es ist'[225] und der Paradoxiehaftigkeit allen Beobachtens. Die Theorie behilft sich einerseits mit zirkulären Beschreibungen (wie wir sie beispielsweise im Verhältnis von Operation und Struktur kennengelernt haben – ein Verhältnis, das über den Zeitbezug 'entzirkelt', enttautologisiert wird), andererseits mit asymmetrisch gebrauchten Unterscheidungen wie etwa der von System und Umwelt, wobei es sich operativ um ein Ausschlußverhältnis, kognitiv aber um ein die jeweilige Umwelt einschließendes bzw. auf sie Bezug nehmendes Konstruktionsverhältnis handelt: Kognitiv hat kein System es 'mit der Umwelt als solcher' zu tun, sondern immer nur, in der Unterscheidung von Selbst- und Fremdreferenz, mit seiner eigenen Konstruktion seiner Umwelt.[226]

Und insofern ein System in fremdreferentieller Einstellung nie mit der Umwelt als solcher, sondern immer nur mit der eigenen Konstruktion seiner Umwelt konfrontiert ist, schimmert schon wieder die Paradoxie der Identität des Differenten durch, droht doch die Unterscheidung von Selbst- und Fremdreferenz auf den Punkt systeminterner Konstruktion hin zu konvergieren.[227] Man sieht hier sehr deutlich, daß keine Beobachtung ohne Realitätsunterstellungen auskommen kann, denn „selbst die Beobachtung

---

[224] SozA 5, S. 34 (meine Hervorhebung, R.P.).
[225] Eine Feststellung, die ebenso für den unmarked state wie auch für 'Operationen pur' (auf letztere komme ich noch zurück, vgl. unten S. 78, Anm. 279, sowie S. 101) getroffen werden könnte, wobei streng genommen mit dieser Feststellung der unmarked state ja schon keiner mehr ist, denn er wird ja schon (doch von wem?) bezeichnet und insofern unterschieden; ähnliches gilt für Operationen, von denen man ohne Beobachtung nicht einmal sagen könnte, daß sie 'sind' oder 'stattgefunden haben' (vgl. SozA 6, S. 21).
[226] Vgl. Esposito, From self-reference to autology, S. 278.
[227] Vgl. SozA 5, S. 27.

zweiter Ordnung muß dem Beobachter, den sie beobachtet, Realität unterstellen. Sie kann ihn auswählen, aber nicht erfinden. Das liegt einfach daran, daß jede Beobachtung mit der Unterscheidung von Selbstreferenz und Fremdreferenz arbeiten und die Funktionsstelle Fremdreferenz irgendwie besetzen muß."[228]

Die Leistung der Systemtheorie (wie auch die Schwierigkeiten, sie zu verstehen) beruht nicht zuletzt darin, daß sie sich genau auf dieser Grenze bewegt – oder besser: auf ihrer einen wie auf ihrer anderen Seite: Einerseits muß sie ihrem 'Objekt' Realität unterstellen ('Es gibt Systeme' bzw. 'Es gibt selbstreferentielle Operationen'), andererseits kann sie aber diese Realitätsunterstellung zurücknehmen in den tautologischen Zirkel: „als *Systeme* kann man sie nur beobachten und beschreiben, also: ihrer Eigenkomplexität nur Rechnung tragen, wenn man ihnen Selbstreferenz unterstellt"[229] – wobei 'System' nichts anderes meint als: selbstreferentieller Operationszusammenhang; oder kürzer: Es gibt Systeme, insofern Systeme Systeme beobachten.[230]

Demnach verlagert sich die Frage nach der Realität von Erkenntnis: Man kann weder von einem 'Außenhalt' der Erkenntnis noch von einer Anpassung derselben an eine außer ihr befindliche Wirklichkeit ausgehen,[231] und entsprechend läßt sich 'Realität' nicht mehr oder nur paradox als Einheit von Erkenntnis und 'Gegenstand' (den es als erkannten ja nur als systeminterne Konstruktion gibt) formulieren.

Bevor wir der Frage nachgehen, wie sich dann noch Kognitionen auf 'Realität' testen lassen, ist noch auf den verloren gegangenen 'Außenhalt' der Erkenntnis einzugehen: Dieser erfährt nämlich eine kleine, aber wichtige Einschränkung: *daß* nämlich *„die unbekannt bleibende Realität, wäre sie total entropisch, keine Erkenntnis ermöglichen würde.* Nur kann das Erkennen das, was von dieser Seite her Bedingung der eigenen Möglichkeit ist, nicht in die Form einer Unterscheidung bringen; denn das wäre, im Widerspruch zur Intention des Durchgriffs nach außen, schon wieder eine Eigenleistung. Die Erkenntnis [...] kennt [...] nichts, was außerhalb ihrer ihr selbst entsprechen würde. Es mag im Bereich dieses 'Außerhalb', den die Erkenntnis mit der Unterscheidung von Selbstreferenz und Fremdreferenz als 'Gegenstand' bezeichnet, Bedingungen der Möglichkeit von Erkenntnis geben; und wir können vermuten, daß diese in zeitlichen und sachlichen Diskontinuitäten stecken, in Differenzen von Variationsgeschwindigkeiten oder in Differenzen der strukturellen Kopplung von Elementen. Aber wenn dies so ist, ist die Erkenntnis darauf angewiesen, diese Unterscheidung *nicht* zu

[228] Luhmann, Die Realität der Massenmedien, S. 162.
[229] SoSy, S. 593, Anm. 2.
[230] Vgl. zur „Auto-Ontologisierung" der Luhmannschen Theorie Nassehi, Wie wirklich sind Systeme?, sowie – mit der griffigen Formulierung „Minimalontologie" (es 'gibt' Systeme, der Beobachter 'ist' ein System) – Peter Fuchs, Facts.
[231] Vgl. GdG, S. 126: „Die Kommunikation benötigt, um sich fortzusetzen, also keine Garantie der Übereinstimmung mit der Umwelt. Sie benutzt *statt dessen* Kognition."

benutzen, weil sie nur mit diesem Verzicht eine operative Schließung erreichen kann."[232] – Genau dies ist also der Grund, warum Luhmann an der Realität der „Außenwelt" eines Systems festhält, obwohl sie (und das gilt dann auch für ein Bestreiten ihrer Realität) nicht zu beweisen ist.[233]

Wie also lassen sich nun Kognitionen auf Realität testen? Offensichtlich nur systemintern, es wird „die Realität letztlich durch Widerstand der Operationen [sc.: des Systems, R.P.] gegen die Operationen desselben Systems getestet – und nicht durch eine Repräsentation der Welt, wie sie ist."[234] Für derartige „Konsistenzprüfungen"[235] ist Gedächtnis erforderlich, weil auf frühere Operationen Bezug genommen wird; gleichwohl erfolgen sie immer nur systemintern.

Neben diesen systeminternen Überprüfungen von Kognitionen und ihrer Bewährung[236] kann man auf die rekursive Vernetzung von Beobachtungen, gegebenenfalls auch auf eine Mehrheit von beobachtenden Systemen setzen, die vermittels Beobachtungen zweiter bzw. dritter Ordnung wechselseitig aufeinander Bezug nehmen: Realität, wie eingangs vermerkt, wird zur Zwei-Seiten-Form des 'Was-beobachtet-wird' und des 'Wie-es-beobachtet-wird'. Das Beobachten von Beobachtungen (im Sinne des Achtens auf Unterscheidungsgebrauch) führt typischerweise zur Erfahrung von Kontingenz, weil deutlich wird, daß man mit anderen Unterscheidungen ein anderes 'Was' in den Blick bekäme. So ist „die Welt des Möglichen [...] eine Erfindung des Beobachters zweiter Ordnung, die für den Beobachter erster Ordnung notwendig latent bleibt."[237]

In welchem Verhältnis steht nun die Luhmannsche Theorie zum sogenannten Radikalen Konstruktivismus?

Wenn man in radikal-konstruktivistischer Manier den Bezug auf die Außenwelt für Erkenntnis streicht, mithin nur dem von jemandem Bezeichneten einen Realitätswert zuspricht, so kommt man mit Luhmann nicht umhin, auch der Operation des Bezeichnens Realität zuzugestehen:[238] *Nur indem das passiert, daß da etwas bezeichnet wird, wird etwas so-und-so bezeichnet.* Man kann also nicht gut nur das Bezeichnete für real

---

232 Luhmann, Erkenntnis als Konstruktion, S. 41 (erste Hervorhebung von mir, R.P., zweite Hervorhebung von Luhmann).
233 Vgl. SozA 5, S. 37: „Außenwelt" wird dort im Sinne von 'Umwelt des Systems' gebraucht. Konsequenz: „Erkennende Systeme sind wirkliche (empirische, das heißt beobachtbare) Systeme in einer wirklichen Welt. Sie könnten ohne Welt gar nicht existieren und auch nichts erkennen. Die Welt ist ihnen also nur kognitiv unzugänglich." (A.a.O., S. 41; Hervorhebungen Luhmanns wurden nicht übernommen.). Vgl. ferner Luhmann, Erkenntnis als Konstruktion, S. 16f.
234 Luhmann, Die Realität der Massenmedien, S. 79; vgl. auch GdG, S. 1120.
235 Luhmann, Die Realität der Massenmedien, S. 19 bzw. 162.
236 Vgl. entsprechend WissG, S. 527.
237 KdG, S. 104. – Vgl. ferner etwa BeobdM, Kap. 3: Kontingenz als Eigenwert der modernen Gesellschaft.
238 Vgl. zum folgenden WissdG, S. 706f.

halten, sondern wird auch die Operation des Bezeichnens für real halten müssen: Fände sie nicht statt (= wäre sie nicht real), so würde eben nichts bezeichnet.

Freilich langt es auch nicht, nun im Gegenzug nur die Operation des Bezeichnens für real zu halten; denn sie ist ja, wie gesehen, im Moment ihrer Aktualisierung 'blind', somit sich selber „unzugänglich"; somit wären wir wieder beim Beobachter, der sie durch seine Bezeichnung als real stilisiert.[239]

Den Ausweg aus diesem Wechselspiel der Positionen sieht Luhmann darin, den Realitätsbezug in die Einheit der Unterscheidung von Unterscheiden und Bezeichnen zu setzen, das heißt in die Paradoxie allen Beobachtens, oder (mit anderer Akzentsetzung) in die Welt vor aller Beobachtung als unmarked state.[240] In dieser Fassung erscheint die Welt, was immer sie vor aller Beobachtung war, als „temporalisierbares Paradox"[241], und so verschiebt sich der „Realitätswert [...] von der Bezeichnung (Referenz) auf die in aller Bezeichnung mitaktualisierte Unterscheidung", also auf den blinden Fleck der Beobachtung – denn jede Beobachtung bedarf, um bezeichnen zu können, einer Unterscheidung, die sie im Moment ihres Bezeichnens nicht auch noch bezeichnen kann: „Real ist das, was als Unterscheidung praktiziert, durch sie zerlegt, durch sie sichtbar und unsichtbar gemacht wird: die Welt."[242]

Angesichts eines temporalisierbaren Paradoxes kann man sich dann behelfen, indem man auf die Rekursivität des Beobachtens von Beobachtungen setzt, also indem man auf Gesellschaft rekurriert und dergestalt, d.h. vermittels sozialer und temporaler Sequentialisierung,[243] durch unterschiedliche Wahl von Unterscheidungen, variieren kann, was sichtbar und was unsichtbar ist. Die Inanspruchnahme von Gesellschaft löst denn auch den (durch die Unterscheidung von Operation und Beobachtung implizierten) „Verzicht auf Selbstbeobachtung auf der Ebene der Einzeloperation".[244]

---

[239] *Deshalb* ist es so unverzichtbar für die Theorie, a) die Rolle des Beobachters zu reflektieren und miteinzubeziehen in ihre Überlegungen und b) Operationen und Beobachtungen zwar zu unterscheiden, aber nicht als getrennte Ebenen völlig auseinander fallen zu lassen. Vgl. hierzu näher unten Kap. 4.1, insbes. S. 91f.

[240] Vgl. WissdG, S. 92f.

[241] WissdG, S. 93.

[242] Beide Zitate aus: WissdG, S. 707.

[243] Und genau deshalb, weil soziale Sequentialisierung 'im Kern' eine temporale Sequentialisierung von Beobachtungen ist (vgl. oben Kap. 1.1), läßt sich ein temporalisierbares Paradox durch Inanspruchnahme von Gesellschaft 'entfalten'.

[244] WissdG, S. 115.

Drittes Intermezzo: Systemreproduktion, Gedächtnis und Reflexion

Man kann von Erkenntnis sprechen, sofern eine Beobachtung für das beobachtende System zu wiederverwendbaren Ergebnissen führt.[245] Damit ist „Erkenntnis" an Gedächtnisleistungen gebunden und insofern von bloßer Systemreproduktion abgegrenzt. Entsprechend dieser Abgrenzung unterscheidet Dirk Baecker auch Systemreproduktion und Gedächtnisfähigkeit als zwei verschiedene 'Systemebenen', wenn er schreibt: „Die Beschreibung der operativen Ebene der Autopoiesis eines Systems, das heißt der Reproduktion der Elemente des Systems durch die Elemente des Systems, muß ohne die Annahme auskommen können, daß das System ein Gedächtnis hat."[246]

Angesichts dieser Notwendigkeit, die autopoietische Reproduktion eines Systems zu denken, ohne dem einzelnen System hierfür ein Gedächtnis unterstellen zu müssen, begreift Fuchs „Gedächtnis" als Effekt von Zeitdifferenzen *zwischen* Bewußtseins- und Sozialsystemen auf der operativen Ebene. Das heißt: Weder Bewußtseins- noch Sozialsysteme 'haben' ein Gedächtnis, und gerade deshalb, als ein Effekt ihres zeitlichen Zusammenspiels, steht es ihnen beiden zur Verfügung. Auf diese Weise wird über „Gedächtnis" als Effekt von Zeitdifferenzen Antizipation möglich; und daraus resultiert, „daß die Organisation von Anschlußereignissen nichts sein kann, das sich gleichsam stehenbleibenden Strukturen verdankt, und auch nicht etwas, das die beteiligten Systemtypen je für sich lösen können, sondern etwas, das in der temporalen Kooperation autopoietischer Systeme zustandekommt: als Differenz von Zeiten in Gleichzeitigkeitsfenstern, oder auch als Differenz von Viskositäten der Medien."[247]

Die Schwierigkeiten im Verständnis des Verhältnisses von autopoietischer Reproduktion und Gedächtnis hängen offenbar exakt am Begriff der Gegenwart, die für jene Reproduktion geltend gemacht wird (sie 'passiert' oder 'passiert nicht', wird fortgesetzt oder bricht ab): „Das System selbst reproduziert sich nur in der Gegenwart und braucht dazu kein Gedächtnis."[248] Baecker spricht von „prekärer Gegenwart"[249], und er rekurriert in bezug auf die Frage nach der Möglichkeit von Gedächtnis auf minimale zeitliche Differenzen zwischen Operationen und Beobachtungen im selben System:[250] „Will man die Genese und Funktion des Gedächtnisses mit einem Wort beschreiben, so kann

---

[245] Vgl. SozA 5, S. 40.

[246] Baecker, Überlegungen zur Form des Gedächtnisses, S. 339; vgl. ferner S. 356.

[247] Fuchs, Moderne Kommunikation. S. 205. – Vgl. ferner Fuchs, Die Umschrift, S. 142-146, Luhmann, Zeit und Gedächtnis (mit Beispielen für Gedächtnis-Mechanismen im Fall der Funktionssysteme), und GdG, Kap. 3. XIII, wo die Funktion des Gedächtnisses in der Gewährleistung der Möglichkeit von Konsistenzprüfungen (also: von systeminternen Realitätstests) gesehen wird.

[248] Vgl. SoSy, S. 103 (Anm. 19); vgl. ferner auch ebd., S. 158f.

[249] Baecker, Überlegungen zur Form des Gedächtnisses, S. 345.

[250] Baecker, Überlegungen zur Form des Gedächtnisses, S. 349ff. – Wobei „Gedächtnis" nicht einfach aus Beobachtungen bestehen kann. weil diese ja als Operationen nur ein äußerst flüchtiges 'Dasein' haben (vgl. ebd., S. 353).

man vom Wiederholen der das System konstituierenden Differenz sprechen [...] Dieses Wiederholen oder Wiedereinführen einer Differenz konstituiert die Selbstreferenz als Differenz und setzt Selbstbeobachtung und damit eine wie auch immer nur momenthaft aufblitzende Unterscheidung von Operation und Beobachtung voraus."[251]

Wir können die Frage nach dem Verhältnis von autopoietischer Reproduktion und Gedächtnis hier offenlassen. Für die weitere Diskussion möchte ich jedoch festhalten, daß die Frage, wie man hier optiert, in Zusammenhang damit steht, wie man die 'Gegenwärtigkeit' bzw. 'Gegenwart' von Operationen (und so auch: ihre Faktizität) denkt.[252]

Festzuhalten bleibt auch, daß (wie auch immer man in bezug auf das Verhältnis von autopoietischer Reproduktion und Gedächtnis optiert) für Reflexionsleistungen wie etwa den 'autologischen Rückschluß' der Beobachtung dritter Ordnung oder auch für das Erreichen kognitiver Autonomie (die so definiert ist, „daß das System bei all seinen Kognitionen mitbeobachtet, daß es sich nur um eigene Beobachtungen handelt"[253]) Gedächtnisleistungen unverzichtbar sind. Denn *keine* Beobachtung kann sich *ineins* mit ihrer Realisierung auch noch Rechenschaft darüber ablegen, wie sie zustande kommt. Anders formuliert: Insofern keine Beobachtung ohne blinden Fleck auskommt, ist ein 'Zugleich' von 'sachhaltiger' Beobachtung und Reflexion auf die Möglichkeit dieser Beobachtung unmöglich, und deshalb ist Gedächtnis unverzichtbar.

---

[251] Baecker. Überlegungen zur Form des Gedächtnisses, S. 357f. (Hervorhebungen Baeckers wurden nicht übernommen, R.P.). Die Fortführung des Zitats lautet: „Das System muß sich selbst in irgendeiner Art von Spiegel erkannt haben, um seine Selbstreferenz über der Differenz von System und Umwelt installieren zu können. Es muß diese Differenz, das heißt sich selbst, sich verfügbar halten, um sich ein Gedächtnis zu machen. Innerhalb der Operationsvernetzung des Systems muß es 're-entrant paths' geben. damit sich jene Rekursivität entfalten kann, die das Gedächtnis konstituiert und nutzt. Die eigentliche Form des Gedächtnisses ist diese Rekursivität als Bezugnahme des Systems auf sich selbst und Wiederholung von sich selbst unter anderen Bedingungen."

[252] Vgl. zum 'empirischen Ereignis Operation' unten S. 75f. (Anm. 269), zur 'Ebenenunterscheidung' von Operation und Beobachtung S. 91ff. und zum 'bloßen Jetzt' autopoietischer Operationen S. 100f.

[253] Luhmann, Die Realität der Massenmedien, S. 208.

3.2 Identität und Zeit

Genau deshalb, weil jede Operation eines Sinnsystems nur etwas, aber nicht auch zugleich sich selbst beobachten kann, kommt man nicht umhin, die operativ erzeugte *Einheit* eines Systems, die nur in der Differenz des Systems zu seiner Umwelt zustande kommt, zu unterscheiden von dem Versuch, diese Einheit auch zu benennen, d.h. dem System auch eine *Identität* zuzusprechen.[254] Dieses Bezeichnen von Identität läuft in jedem Falle auf Unvollständigkeit bzw. Simplifizierung oder auf eine versteckte Paradoxie hinaus.[255] Versuchen wir, uns dies am Fall der Selbstbeobachtung eines Systems klarzumachen.

Eine erste, anschauliche Antwort wäre, daß das System, sich selbst als System bezeichnend, in dieser Bezeichnung nur noch als die Hälfte von dem erscheint, was es operativ ist, nämlich als System statt als System-in-Differenz-zur-Umwelt.[256] Dies Beharren darauf, daß ein System seine Autopoiesis nur in Differenz zu seiner Umwelt fortsetzen kann, ist keine 'Federfuchserei', sondern genau zu nehmen: Sozialsysteme sind zur Fortsetzung ihrer Autopoiesis auf Bewußtseinssysteme in ihrer Umwelt angewiesen, die in struktureller Kopplung an ihren Körper permanent verbale und nonverbale „Proto-Ereignisse"[257] erzeugen. Aus diesem Strom von Proto-Ereignissen wird ein einzelnes Proto-Ereignis genau dann zu einem Element von Kommunikation, wenn sich ein weiteres Ereignis auf jenes schon entschwundene Vor-Ereignis bezieht, indem es jenes als Mitteilung einer bestimmten Information versteht. Jede Äußerung bekommt ihre kommunikative Identität als *diese* Mitteilung *jener* Information immer erst 'retrograd', durch ein Folgeereignis zugeschrieben, für welches Folgeereignis dann selbst nichts anderes gilt.[258]

Doch wieso ist jede reflexive Bestimmung von Identität zwangsläufig simplifizierend? Die zu Simplifikationen führende Unvollständigkeit ergibt sich operativ gesehen schlicht daraus, daß auch eine Selbstbeobachtung notwendig eine Operation des Systems ist (sonst fände sie nicht statt bzw. wäre keine *Selbst*beobachtung); sie müßte also, sollte Vollständigkeit erreicht werden, im Moment ihres Stattfindens mit in die Selbstbeobachtung bzw. -beschreibung eingehen. Das ist aber nicht möglich, denn insofern die Selbstbeobachtung eine Operation des Systems ist, verändert sie durch und während ihres Stattfindens das, was sie beobachten will.[259]

---

254 Luhmann führt selbst diese terminologische Differenzierung erst später ein (vgl. etwa WissdG, S. 482, und ders., Bemerkungen zu „Selbstreferenz", S. 141).

255 Vgl. etwa die Darstellung in SozA 6. S. 22 und 34f.

256 Vgl. SozA 6, S. 145f.

257 Fuchs, Moderne Kommunikation. S. 203.

258 Vgl. hierzu oben Kap. 2.1 und das *Erste Intermezzo*.

259 Luhmanns häufigstes literarisches Beispiel ist die Autobiographie des Tristram Shandy wegen deren Scheitern in bezug auf das Erreichen von Vollständigkeit.

'Dahinter' steckt offenbar nichts anderes als die Unterscheidung von Operation und Beobachtung bzw. nichts anderes als die Unhintergehbarkeit des blinden Flecks einer jeden Beobachtung: *Als Operation* des Systems, d.h. insofern sie stattfindet und im System stattfindet, setzt die Bezeichnung der Identität einfach nur die Autopoiesis des Systems fort und reproduziert so dessen operative Einheit. *Als Beobachtung* unterscheidet sie das System von seiner Umwelt, bezeichnet das System – und erzeugt damit ineins die Differenz zwischen sich und dem Bezeichneten,[260] d.h. sie schließt sich aus der Beobachtung aus, und eben dies kann erst von weiteren Beobachtungen beobachtet werden, die dann genau dieses Verhältnis von Einschließung (die Beobachtung ist eine Operation des Systems) und Ausschließung (die Beobachtung schließt sich selber als Operation aus dem Beobachteten aus) als versteckte Paradoxie bezeichnen könnten.

Damit ist klar, daß die Reflexion auf die Bestimmung der Identität eines Systems keine Voraussetzung für das Kontinuieren seiner Operationen ist.

Mithin hat der von Kritikern Luhmanns vorgebrachte Einwand, es sei die Identität des Selbst in der Zeit, die allem Selbstreferieren zugrundeliege,[261] keinen Bestand; es verhält sich geradewegs umgekehrt, daß die Bestimmung von Identität eine der Autopoiesis, welche die 'Existenz' des Systems gewährleistet, nachgeordnete und bloß zusätzliche Möglichkeit ist.

Nassehi hat dies, dieses Nicht-einholen-Können der operativen Einheit in reflektierenden Beobachtungen, in die Formulierung gebracht: „Ein System ist sich sozusagen immer schon vorweg, da es sich nie in seiner Gänze beobachten kann."[262] – M.E. trifft es den Sachverhalt jedoch besser, wenn man davon spricht, daß ein System in allen reflektierenden Beobachtungen seiner Autopoiesis immer nur *'hinterher'* ist. Denn das Zeitverhältnis zwischen Operation und Beobachtung ist ja eines der 'Nachträglichkeit': Es gibt die 'Faktizität' und 'Aktualität' einer Operation nur im Nachtrag der Beobachtung durch eine Folgeoperation, für die ihrerseits dasselbe gilt.[263] Das entspricht auch Luhmanns Beschreibung zum Procedere des Bewußtseins. Es prozediert nämlich, „indem es zurückblickt. Es operiert gleichsam mit dem Rücken zur Zukunft, nicht proflexiv, sondern reflexiv. Es bewegt sich gegen die Zeit in die Vergangenheit, sieht sich selbst dabei ständig von hinten und an der Stelle, wo es schon gewesen ist [...]. Es verfolgt in sich selbst kein Ziel, sondern bemerkt, was ihm passiert ist. Es wird auf sich selbst aufmerksam. Es schlägt nicht Ziele wie Haken in die Zukunft (die ja noch gar nicht gegeben ist), an denen es sich voranziehen kann, sondern bemerkt seine Vorha-

[260] Vgl. WissdG, S. 506f. und S. 535f., sowie ÖkKom, S. 216 und S. 227.
[261] Wagner/Zipprian. Identität oder Differenz?, S. 400.
[262] Nassehi, Das Identische 'ist' das Nicht-Identische, S. 479.
[263] Vgl. entsprechend das *Erste Intermezzo* sowie unten S. 100f.

ben in der Erinnerung. Es verfährt nicht antezipativ, sondern rekursiv, entdeckt aber dann im Rückblick gespeicherte Zukunftserwartungen."[264]

Und ebensowenig ist nach all dem oben Dargelegten der Einwand von Kritikern zu halten, Luhmann könne nicht zeigen, „daß sich die für seine systemtheoretische Soziologie konstitutive Differenz von System und Umwelt ohne eine zugrunde liegende Identität denken läßt."[265]

Der Einwand trifft nicht die einzelne Systemoperation, die zwar etwas beobachtet und so einem vorherigen Ereignis eine (wie immer revidierbare) Identität verleiht, deren eigene Identitätszuschreibung aber in diesem Moment noch aussteht und erst durch ein Folgeereignis erfolgen kann, und er trifft auch nicht in bezug auf W_3, den unmarked state vor aller Beobachtung.

Wie in dem Kapitel „Erkenntnis und Wirklichkeit" gezeigt, wird zwar die Realität von Welt überhaupt (W_3) nicht bestritten, sondern vorausgesetzt, aber: „Realität als solche (das heißt ohne Beziehung auf Erkenntnis) ist unerkennbar. Realität kann nur sein, wie sie ist – unterscheidungslos und dunkel."[266] Sie wird also gerade nicht als Identität und auch nicht als sich selbst ausdifferenzierende Einheit aufgefaßt.

Anders gesagt: Erkenntnis bleibt Konstruktion, aber sie ist nur möglich, wenn es mehr gibt als erkennende Konstruktion: „Kognitiv muß daher [d.h. weil es Unterscheidungen nur je systemintern gibt, R.P.] alle Realität über Unterscheidungen konstruiert werden und bleibt damit Konstruktion. *Die konstruierte Realität ist denn auch nicht die Realität, die sie meint; und auch dies ist* erkennbar, aber wiederum *nur mit Hilfe eben dieser Unterscheidung erkennbar.*"[267]

Genau dies also – daß Erkenntnis nur möglich ist, wenn es mehr gibt als nur Erkenntnis – kann man noch erkennen, wenn man der Luhmannschen Theorie folgt; dabei bleibt freilich dieses 'mehr' *als solches* der Erkenntnis entzogen, und es kann auch in seiner 'Faktizität' (die Behauptung, *daß* es da ein an-sich-seiendes, unterscheidungsloses 'Mehr' gibt) nur in bezug auf Erkenntnis bestimmt werden.

Ganz analog läuft denn auch die Theorie in bezug auf die Behauptung oder Voraussetzung von Operationen,[268] von denen man gleichwohl nichts wüßte, würden sie nicht beobachtet,[269] in sich selbst zurück: „Die Unterstellung der Einwertigkeit der Trans-

---

[264] SozA 6, S. 63.

[265] Wagner, Am Ende der systemtheoretischen Soziologie. S. 277.

[266] WissdG, S. 698.

[267] SozA 5, S. 50; meine Hervorhebung, R.P. Vgl. entsprechend die spätere Unterscheidung von realer Realität und semiotischer Realität (GdG, S. 218).

[268] Vgl. entsprechend RdG, S. 50f. und Luhmann. Bemerkungen zu „Selbstreferenz". S. 144.

[269] Vgl. WissdG, S. 698f., sowie SozA 6, S. 21, wonach „Operation pur ist, was immer sie ist; ja man könnte ohne Beobachtung nicht einmal feststellen. daß sie ist und nicht vielmehr nicht ist." Nun ist einerseits über Operationen nichts zu sagen, würden sie nicht beobachtet; andererseits sind Beobachtungen immer Operationen: beide Begriffe stehen also in einem „zirkuläre[n] Verhältnis wechsel-

formation [d.i.: operativer Vollzug von Autopoiesis, R.P.] ist [...] nichts anderes als das Korrelat der Zweiwertigkeit der Beobachtung der Transformation. [...] Es macht keinen Sinn zu sagen, die Realität 'an sich' *sei* einwertig (ontisch), denn ein solches 'an sich' hätte keinen Beobachter, also keine Referenz."[270]

Oder noch einmal anders gewendet: *„Die Erzeugung von Geschlossenheit ist* der operative Vollzug der Erzeugung von Geschlossenheit, und *nicht etwas, was man als Grund vorfinden könnte,* von dem man ausgehen oder den man entdecken kann. *Der Grund kann nur in der Tätigkeit des Begründens liegen,* in den künstlichen Redundanzen, die sie aufbaut, also in der funktionierenden Rekursivität des Begründens, *also in dem System, das sie bildet.* Vielleicht haben Theologen das schon immer gewußt, wenn sie es für nötig hielten, sich von Weltsachen zu distanzieren. Wir bemerken das als Beobachter. Und auch die Systemtheorie kann als Grund nur die Autopoiesis der Systeme nennen, die Autonomie des faktischen Vollzugs der Selbstproduktion als Einschließung in die Welt. *Wir bemerken das als Beobachter.* "[271]

Ich kann mich nun kurzfassen, was die stets vorauszusetzende Gleichzeitigkeit von System und Umwelt betrifft.

Auch sie ist kein beobachtungsunabhängiges 'an sich', noch wird sie aus W_3 hergeleitet. Die Systemtheorie startet, so könnte man sagen, ohne Zeitbegriff, allein mit einer sachlichen Unterscheidung, nämlich der von System und Umwelt. „Systemtheoretisch reformuliert, heißt dies, daß Gleichzeitigkeit ein Aspekt der Differenzierung von System und Umwelt ist und mit ihr entsteht. Erst das Aufreißen einer solchen Differenz setzt ja System und Umwelt gleichzeitig in die Welt, von der man allenfalls sagen könnte, daß sie vorher (aber wieso vorher, für wen vorher?) ein 'unmarked state' [...] gewesen ist, in dem nichts beobachtet werden kann."[272]

Auch hier haben wir es also wieder mit der Paradoxie allen Beobachtens zu tun, der Gleichzeitigkeit der unterschiedlichen Seiten, die gleichwohl nicht simultan, sondern nur sukzessive bezeichnet werden können.

---

seitiger Voraussetzung" (ebd.). – Das gibt, wie Peter Fuchs bemerkt, der Rede vom empirischen Ereignis der Operation „einen schwierigeren Sinn" (Fuchs, Die Umschrift, S. 15, Anm. 9). Die Schwierigkeiten liegen in der „Niemals-Präsenz von Operationen" (ders., a.a.O., S. 21, Anm. 22), denn (mit Bezug auf die Autopoiesis von Kommunikation): „Jede Mitteilung ist (beobachtet durch eine andere) die Mitteilung einer Information, aber zugleich die Markierung eines Verstehens eines ihm selbst vorangehenden Ereignisses, aber könnte selbst diese Markierung nicht sein, wenn es nicht durch ein nächstes Ereignis 'verstanden' würde, für das dasselbe gilt." (Ders., a.a.O., S. 40). Vgl. hierzu auch SozA 5, S. 41, wo „empirisch" im Sinne von „beobachtbar" gebraucht wird.

[270] WissdG, S. 280.
[271] Luhmann, Sthenographie und Euryalistik, S. 75f.; Hervorhebungen von mir, R.P. Vgl. entspr. SozA 6, S. 165, Anm. 22: „Es wird eine Theorie vertreten (durch einen Beobachter, versteht sich), die in ihrem Begriff des Systems impliziert sieht, daß das System selbst (und nicht der Beobachter) über die Differenz von System und Umwelt disponiert."
[272] SozA 5, S. 99f.

76

So gesehen ist, was immer systemintern an temporalen Unterscheidungen zustande kommt, 'Zeit' in einem sehr fundamentalen Sinn paradox konstituiert, nämlich infolge der Gleichzeitigkeit der unterschiedenen Seiten und der Ungleichzeitigkeit der Erreichbarkeit der beiden Seiten, die ja nur sukzessive und nicht simultan bezeichnet werden können.[273]

'Entfaltet' man nicht zeitlich, sondern sachlich mit Hilfe der Unterscheidung von System und Umwelt, so ist das Verhältnis beider aus systemtheoretischer Perspektive als eines der strukturellen Kopplung zu beschreiben, und von hier aus ist nun deutlicher zu sehen, weshalb dieselbe (wie oben in Kap. 2) als ein nicht-kausales Verhältnis beschrieben wird: Was gleichzeitig ist, ist nicht kausal beeinflußbar, und dies ungeachtet dessen, daß systemintern mit Hilfe temporaler Unterscheidungen 'Zeit' als Medium für Kausalitätsvorstellungen konzipiert werden kann, wodurch die immer nur momenthafte Existenz autopoietischer Systeme (das Immer-nur-jetzt-operieren-Können) kompensiert wird.[274] Entsprechend weist auch die fallweise auftretende Irritation des Systems (im Unterschied zum 'analog' zu denkenden Verhältnis der Gleichzeitigkeit von System und Umwelt) einen Bezug zur Zeitlichkeit auf: „In der überraschenden Plötzlichkeit [sc.: der Irritation, R.P.] ist Zeit präsent in der Form 'und jetzt?', 'was nun?'."[275]

Statt die historische Wandlung der Zeitsemantik der Gesellschaft näher zu beleuchten – was lohnend wäre, insofern die Luhmannschen Analysen heraustreiben, inwiefern der modernen Gesellschaft die Gegenwart zum Problem wird,[276] die zur bloßen Differenz von Vergangenheit und Zukunft verkommt und allenfalls als sich stets neu einstellender Punkt der „Nichtübereinstimmung von Vergangenem und Künftigem"[277] zu begreifen ist, – sei noch einmal das eigentümliche Verhältnis von Paradoxie und Zeit herausgestellt:

Wenn Zeit einerseits aus systemtheoretischer Perspektive als das Zugleich von Gleichzeitigkeit (nämlich der Gleichzeitigkeit von System und Umwelt) und Nachein-

---

273 Vgl. entsprechend SozA 5, S. 100, und Fuchs, Die Umschrift, S. 151f.

274 Vgl. hierzu SozA 5. S. 115ff.; vgl. ferner zur 'sinnhaften' Behandlung der Gleichzeitigkeit von System und Umwelt mit Hilfe der Formen 'Abwesenheit' und 'Geltung' a.a.O., S. 105-107.

275 SozA 5, S. 103.

276 Vgl. hierzu SozA 5, S. 108-130 sowie GdG, Kap. 5, XII: Temporalisierungen.

277 GdG, S. 1010. Das legt dann im übrigen nahe, die Gegenwart „als Entscheidung zu markieren, gleichviel, wie und wem die Entscheidung dann zugerechnet wird. Das kann nicht heißen, daß auf diesem Wege die verlorene Übereinstimmung [sc.: von Vergangenem und Künftigem, R.P.] wiedererreicht wird, wohl aber, *daß eine selektiv erinnerte Vergangenheit mit einer selektiv projektierten Zukunft integriert wird.* [...] Jede Entscheidung ist dann der Beginn einer neuen Geschichte" (ebd., meine Hervorhebung, R.P.), was noch einmal sehr deutlich – für die Beobachtung (!) derartigen Geschehens (das selbst einfach nur geschieht oder nicht) – die Kontingenz (als Nicht-Notwendigkeit und Nicht-Unmöglichkeit) desselben herausstreicht.

ander (nämlich der Sequentialität von Systemoperationen) begriffen werden muß,[278] so ist 'Zeit', wie immer sie über Unterscheidungen dann systemintern konstruiert wird, schlechthin paradox. Und folgt man den Luhmannschen Analysen, so ist es für die moderne Gesellschaft die Gegenwart, der diese Paradoxie aufgebürdet wird: als der Grenzlinie zwischen Vergangenheit und Zukunft, welche als Unterschiedene 'Zeit' konstituieren, wobei die Gegenwart, in der ja allein Vergangenes und Künftiges unterschieden werden können, zu der Position wird, „die zeitbezogenen Beobachtungen als blinder Fleck dient, und sich selbst nicht beobachten kann."[279]

Und so ist denn andererseits das Paradox aus unterscheidungstheoretischer Perspektive nichts anderes als eine „Zeitform"[280]: Man treibt eine bisher gebrauchte Unterscheidung mit der Frage nach der Einheit der unterschiedenen Seiten zurück in die Identität der Unterschiedenen und löst dann die so provozierte Paradoxie mit einer anderen Unterscheidung wieder auf.

Damit könnte es für die Belange dieses Buches sein Bewenden haben; dennoch seien zwei Aspekte nachgetragen, weil und insofern sowohl von 'Identität' als auch von 'Zeit' bloß in negativer Weise die Rede war (und sein wird).

Nachzutragen ist also zum einen, daß 'Zeit' operativ bereits immer durch die Fortsetzung der Autopoiesis eines Systems aktualisiert wird, denn die Elemente (jedenfalls von Sinnsystemen) sind flüchtig, haben keinen Bestand, müssen also fortwährend durch neue ersetzt werden, und zugleich ist dieses zeitliche Operieren der Systeme davon zu unterscheiden, wie und anhand welcher Unterscheidungen im System Zeit beobachtet wird.

Nassehi faßt diese Unterscheidung mit den Begriffen „Zeit der Autopoiesis" und „Zeit der Beobachtung".[281] Problematisch an dieser Fassung ist m.E., daß sie tendenziell verdeckt, daß schon die 'Zeit der Autopoiesis' nur für einen Beobachter der autopoietischen Reproduktion eines Systems 'existiert'.[282] Das aber heißt, daß man die 'Zeit der Autopoiesis' gerade nicht, wie Nassehi es tut,[283] mit Husserls innerem Zeitbewußtsein gleichsetzen kann: Es gibt auf der Ebene der Autopoiesis (wie auch auf der der Beobachtung) *kein originär Gegebenes* und so auch keine re- bzw. protentionale Modifikationen desselben.[284]

---

[278] Vgl. GdG, S. 1016.

[279] SozA 5, S. 129. – Das wirft denn zugleich auch noch einmal ein klärendes Licht darauf, daß und warum es die Aktualität oder Gegenwärtigkeit von Systemoperationen (die alle Luhmannschen Texte durchzieht) nur im Nachtrag der Beobachtung gibt.

[280] Luhmann, Die Realität der Massenmedien. S. 214.

[281] Vgl. Nassehi, Die Zeit der Gesellschaft.

[282] Vgl. entsprechend SozA 5, S. 114.

[283] Vgl. Nassehi, Die Zeit der Gesellschaft. S. 238.

[284] Am Begriff der Gegenwart zeigt sich sehr deutlich der geschichtliche Unterschied zwischen Husserl einerseits und Derrida und der Luhmannschen Systemtheorie andererseits. Vgl. hierzu die 'Dekon-

Zum anderen: Daß alles Bemühen um die Bezeichnung von Identität unvermeidlich auf eine Verkürzung, Simplifizierung hinausläuft, ist nicht alles, was die Systemtheorie zum Thema Identität zu sagen hat.[285] Halten wir noch einmal kurz fest, worin das Problem besteht, nämlich in der „Grundparadoxie aller Reflexion: daß sie Einheit will und Differenz erzeugt. Als Reflexion gibt es nur die eine Operation des unterscheidenden Bezeichnens, und wenn es sie nicht gibt, dann gibt es eben keine Reflexion."[286]

Was liegt nun näher für ein differenzorientiertes Denken, als dann eben Differenz (bzw. des weiteren dann Unterscheidungen) zum Ausgangspunkt der Identitätsbestimmung zu machen? Von hier aus ist leichter zu verstehen, weshalb im Fall der Funktionssysteme der jeweilige Code (binäre Codierungen wie wahr/falsch, recht/unrecht, Zahlung/Nichtzahlung etc.), der ja die operative Schließung des Systems ermöglicht und so die Grenze zur sonstigen kommunikativen Umwelt sicherstellt, die im System selbst nicht darstellbare Einheit des Systems vertreten kann.[287]

Und ähnliches gilt für Luhmanns Vorschlag, die Identität des Individuums, dem diese in der modernen, funktional differenzierten Gesellschaft zum Problem geworden ist,[288] in das Beobachten des eigenen Beobachtens zu setzen, was ja zunächst nichts anderes heißt als: Achten auf den eigenen Unterscheidungsgebrauch. Dies heißt – über das Aufmerksam-Werden auf konkrete, beobachtungsleitende Unterscheidungen hinaus –, aufmerksam zu werden auf das 'Wie' des Beobachtens überhaupt: daß nämlich *jedes* Beobachten einen blinden Fleck braucht, also einen unmarked space produziert,

---

struktion' der originären Gegenwart Husserls durch Derrida in „La différance", S. 13f. (33. Absatz). – Die deutsche Übersetzung weist leider einige Fehler auf, vgl. daher ggf. die englische Übersetzung [Derrida, Différance. S. 405f. (33. Absatz)].

[285] Vgl. etwa WissdG, Kap. 7: Reflexion, wo u.a. von Reflexionstheorien (Möglichkeit, Funktion, Beispiele) gehandelt wird.

[286] SozA 6, S. 107.

[287] Vgl. RdG, S. 70: „Daß der Code die Einheit des Systems im System vertritt, ist nicht durch eine oberste Norm garantiert, denn das würde auf einen infiniten Regreß [...] hinauslaufen. Der Code selbst ist keine Norm. Er ist nichts anderes als die Struktur eines Erkennungs- und Zuordnungsverfahrens der gesellschaftlichen Autopoiesis. Immer wenn auf Recht bzw. Unrecht referiert wird, ordnet sich eine solche Kommunikation dem Rechtssystem zu. Sie ist anders nicht als zugehörig erkennbar, anders nicht anschlußfähig. Das Recht der Gesellschaft realisiert sich über die Codereferenz – und nicht über eine (wie immer hypothetische oder kategorische, vernünftige oder faktische) Erzeugungsregel."

[288] Vgl. hierzu Ulrich Beck, Risikogesellschaft, insbes. Kap. IV u. V, mit der in bezug auf das Geschlechterverhältnis grundlegenden These der „*Widersprüche einer im Grundriß der Industriegesellschaft halbierten Moderne*, die die unteilbaren Prinzipien der Moderne – individuelle Freiheit und Gleichheit jenseits der Beschränkungen von Geburt – immer schon geteilt und qua Geburt den einen Geschlecht vorenthalten, dem anderen zugewiesen hat. Die Industriegesellschaft war und ist *nie* als Nurindustriegesellschaft möglich. sondern immer nur als halb Industrie-, halb *Stände*gesellschaft, deren ständische Seite kein traditionales Relikt, sondern industriegesellschaftliches *Produkt* und *Fundament* ist. eingebaut in die institutionelle Schematik von Arbeit und Leben." (Beck, Risikogesellschaft. S. 179). – Vgl. ferner und andererseits SozA 6. Kap. 6 (insbes. S. 132f.).

und daß dieses eigentümliche Verhältnis von Blindheit und Sicht auch für das eigene Beobachten gilt.

Mit dem Erkennen dieser unhintergehbaren Kombination von Blindheit und Sicht wäre dann genau die autologische Einsicht erreicht, die zugleich jedem fundamentalistischem Gebaren den Boden entzöge, hat doch der zeitgenössische Fundamentalismus seine Eigenheit darin, „die eigene Realitätssicht mit der eigenen Identität zu verschweißen und sie als Projektion zu behaupten."[289] Genau dieses Projizieren ist nicht mehr möglich, wenn man weiß, wie Realität konstruiert wird; und ebensowenig ist es noch möglich, sich mit irgendeiner bestimmten, sachhaltigen Identität (die man sich selber gibt oder zugesprochen bekommt – etwa als die-und-die-Person) letztgültig zu identifizieren.

---

[289] Luhmann, Die Realität der Massenmedien. S. 168.

Viertes Intermezzo: Strukturdeterminiertheit & Freiheit

Wir hatten am Ende des vorigen Kapitels gesehen, daß Luhmanns Vorschlag, die Identität des modernen Individuums operativ zu bestimmen, sie also in das Beobachten des eigenen Beobachtens zu setzen, die autologische Einsicht nahelegt, daß auch das eigene Beobachten immer eine Kombination aus Blindheit und Sicht realisieren muß. Aus genau diesem Grund, d.h. wegen der 'operativen Blindheit' (und insofern 'Unvollständigkeit') jeden Beobachtens, muß zuletzt jeder 'sachhaltige' Identifikationsversuch scheitern, wiewohl es natürlich weitere und quasi naheliegendere Gründe für das Scheitern von Identifikationen gibt, wie z.B. den, daß Selbstbeschreibungen grundsätzlich simplifizierend sind; anders könnten sie ja auch gar keinen Orientierungsgewinn für das System bieten.

Ferner war im vorigen Kapitel „Gegenwart" als bloße Differenz von Vergangenheit und Zukunft bestimmt worden, als bloßer Umschlagspunkt, könnte man sagen, der je und je über die Zurechnung von Entscheidungen markiert wird, so daß selektiv erinnerte Vergangenheiten mit selektiv projektierten Zukünften integriert werden.

Bezieht man dies auf die Gewinnung persönlicher Identität, so findet man sich vor „ohne Erinnerung an einen Anfang als Resultat einer Selbstselektion – unbestimmbar und doch fast unabänderlich festgelegt. Weder Held noch Original. Dann kann es zu einer wichtigen Unterscheidung werden, ob man mit sich zufrieden ist oder nicht."[290] Löst man die Bestimmung von Identität von dem Bezug auf Personalität ab, kann sich die Identifizierung des Individuums als Individuum nur noch auf das Beobachten des eigenen Beobachtens richten: „Die Reflexion kann dann nur noch *ein merkmalsloses, intransparentes Ich* geben, das aber, solange sein Körper lebt und es in der Welt placiert, beobachten kann, wie es beobachtet."[291]

Diese Intransparenz (wie auch das zuvor genannte Kriterium der Zufriedenheit mit sich) ist deshalb so bemerkenswert, weil sie genau den Berührungs- bzw. Umschlagspunkt zu einer philosophischen Ich-Konzeption markiert.

M.A.C. Otto nämlich bestimmt das Ich des Menschen als Interesse; ein Interesse, das sein Ziel stets außer sich sein läßt: Es „verwirklicht etwas, das es selber nie ist. Das Interesse kann etwas Gut-heißen, eine Verwirklichung anzielen, weil es frei davon ist, weil es sich nicht damit bepackt, weil es 'desinteressiert' ist, d.h. nicht an sich selber hängt, sondern *ganz* Interesse ist: an diesem andern".[292]

---

[290] SozA 6, S. 109. Vgl. im übrigen auch G&S 3, S. 226-249 [mit zwei verschiedenen Möglichkeiten der Selbstbeschreibung des modernen Individuums, nämlich einmal unter Inanspruchnahme von Zeit („Karriere" als systemtheoretisches Pendant zu Biographie-orientierten Bemühungen um Identität) und einmal in bezug auf das Testen der Umwelt eines Individuums (vermittels „Ansprüchen")].

[291] Luhmann, Die Realität der Massenmedien, S. 115, meine Hervorhebung, R.P.

[292] M.A.C. Otto, Der Anfang, S. 102.

Weil das Ich als Interesse „der Schwung-hinaus, das *Sein-im-Andern"*[293] ist, kann es sich nicht selbst zum Gegenstand machen: „Das Interesse kann nicht reflexiv sein. [...] Nur soweit es *auch* Bewußtsein ist, dessen Bedingung 'Duplizität' ist, kann es in der 'intellektualen Anschauung', sich in Subjekt und Objekt teilend, auf einen Niederschlag von sich im Denken und Fühlen zustoßen, aber sich selber treffen kann es nicht. Könnte es sich treffen, fiele es ganz in sich, so wäre es ausgelöscht. Es wäre eine Flamme, die sich selber brennen wollte. Je enger es den Kreis um sich einzieht, um so schwächer glimmt es."[294]

Und so wie hier die Intransparenz des Bewußtseinssystems, das sich in seiner Operatizität zu erfassen sucht, zusammentrifft mit der 'Selbstverdunkelung' des Ichs als Interesse, wenn es sich auf sich zurückzuwenden sucht, so kontrastieren beide Konzeptionen in bezug auf das Kriterium der Zufriedenheit: War oben in bezug auf die systemtheoretische Konzeption zur Gewinnung persönlicher Identität gesagt worden, zuletzt könne es zu einer wichtigen Unterscheidung werden, ob man *mit sich* zufrieden ist oder nicht, so ist in der hier vorgestellten philosophischen Konzeption der Mensch als Interesse stets das Entspringen („Zündflamme") von seinem Ausgangspunkt, von seiner Lebensgeschichte her,[295] und so kann er, „*weil er selbst nie etwas ist, das sich gutheißen könnte*, der Eros des Guten sein. [...] Eros ist der Ungenügsame, der sich nicht abspeisen läßt, ihm gilt nichts unerreichbar, was er gut heißt."[296]

So ist das Ich wesentlich ein freies: nicht gefangen in seiner bisherigen 'Daseinsgeschichte' und auch nicht zufriedenzustellen mit einer Rekonstruktion seiner 'Biographie'. Vielmehr ist es „immer seine Angefangenheit und das Entspringen davon zugleich"[297], und genau in diesem Entspringen-Können zeigt sich seine Freiheit.

Und wo wäre in der Systemtheorie der Ort der Freiheit? Nun, autopoietische Systeme sind strukturdeterminiert, und so kommt „Freiheit" vornehmlich in der Selbst- bzw. Fremdbeschreibung vor. Genauer: „Freiheit" bezeichnet wesentlich eine Weise der Zurechnung. So etwa können im Falle eines einfachen Interaktionssystems die in der Umwelt des Sozialsystems beteiligten psychischen Systeme das jeweils andere, dessen komplexes, selbstreferentielles Operieren für sie unzugänglich ist, als ein nicht-

[293] M.A.C. Otto, Der Anfang, S. 103. Dabei hat das Interesse „kein Innen, jenseits davon das Draußen wäre: es *ist* das Außen-sein, es ist das Im-Andern-sein". (Ebd., S. 107).

[294] M.A.C. Otto, Der Anfang, S. 175.

[295] M.A.C. Otto, Der Anfang, Kap. 6.3: Zündflamme, Kap. 6.7: Identifikationen, sowie dies., Der Ort, S. 48.

[296] M.A.C. Otto, Der Anfang, S. 262; Hervorhebungen von mir, R.P. – Von entscheidender Bedeutung ist dabei, daß „das Gute" gerade nicht ein inhaltlich Bestimmtes und auch nicht eine normative Richtschnur ist: „Weil nicht vorgeschrieben, nicht selber etwas, ist das Gute selbst an nichts erkenntlich. Es ist der Souveränität des Wählens anheimgestellt. Jeder ist für seine Wahl verantwortlich. Aber weil das Gute selbst nichts ist, bestimmt es sich am Wirklichen. Die durch nichts bestimmte Wahl determiniert sich für das Wirkliche". (Ebd., S. 147f.).

[297] M.A.C. Otto, Der Anfang, S. 109; vgl. zur Angefangenheit und dem Entspringen vom jeweiligen lebensgeschichtlichten Ort auch dies., Der Ort, § 12 und 13.

triviales System annehmen, das sie dann eben wegen seiner mangelnden Vorhersagbarkeit 'frei' nennen: „Der Versuch, den anderen zu berechnen, würde zwangsläufig scheitern. Mit dem Versuch, ihn aus seiner Umwelt heraus zu beeinflussen, kann man Glück haben und Erfahrungen sammeln. Die Unberechenbarkeit wird mit Freiheitskonzessionen aufgefangen, fast könnte man sagen 'sublimiert'."[298]

---

[298] SoSy, S. 156; vgl. zu 'Freiheit' als einer Weise der Zurechnung auch GdG, S. 1032f.; vgl. ferner GdG, S. 946f. (erst der Schematismus der Moral erlaube die Bezeichnung eines Handelns als frei gewählt), GdG, S. 1026 (zum Begriff der Freiheit). GdG, S. 1066 und S. 1075 ('Freiheit' u. 'Gleichheit' als Namen, als semantische Chiffren gleichsam, für die neuen Inklusionsmodi in der funktional differenzierten Gesellschaft) sowie GdG, S. 1141f. ('Freiheit' als *Thema* der Selbstbeschreibung im Unterschied zur *Form* derselben).

4 Luhmann in der Diskussion

Die Diskussion über die Luhmannsche Systemtheorie gewinnt an Tempo und Umfang: Krause etwa nennt in seinem Literaturverzeichnis (ohne Anspruch auf Vollständigkeit) rund 250 Publikationen, die diese Theorie thematisieren oder aber selbst systemtheoretisch argumentieren,[299] im Internet ist ein Diskussionsforum zur Luhmannschen Systemtheorie zu erreichen[300], und in verschiedenen Städten gibt es inzwischen Lektüre- und Diskussionskreise zu dieser Theorie. Ich möchte daher zunächst einmal präziser fassen, was die Eigentümlichkeit dieser Theorie ausmacht. Dabei werde ich in einem ersten Schritt (Kap. 4.1) einige wichtige Aspekte der Theorie rekapitulieren (etwa: Wie kommt die Theorie zu ihrem 'Gegenstand'?), und zwar insbesondere in bezug auf die Theoriegestalt, wie sie sich bis hierher gezeigt hat.

Damit ist eine erste 'Einordnung' der Theorie in den zeitgenössischen gesellschafts- wie erkenntnistheoretischen Diskurs verbunden, wobei es primär darum geht, welchen Unterschied die Luhmannsche Systemtheorie hier macht. Von daher ist nämlich zu sehen, in welchem spezifischen Sinn man von einer Architektonik dieser Theorie sprechen kann, was dann noch einmal beispielhaft anhand der einschlägigen Termini (Operation, Beobachtung; Differenz, Unterschied, Unterscheidung etc.) illustriert werden soll.

In einem zweiten Schritt (Kap. 4.2) werde ich die Nähe der Systemtheorie zum zeitgenössischen philosophischen Diskurs aufzeigen. Hier interessiert besonders die Frage nach der Möglichkeit von Welt; eine Frage, deren Beantwortung im philosophischen Diskurs mit Begriffen wie „Enteignis/Ereignis" (Heidegger), „Gabe" (Derrida) oder „Es gibt" (Lyotard) bezeichnet wird. Dabei ist mit „Gabe" oder „Es gibt" gerade nicht ein außermenschliches Subjekt bezeichnet, dessen Gabe wir Menschen empfingen – genauso wenig sind ja systemtheoretische Formulierungen wie etwa 'Nur soziale Systeme kommunizieren' so zu verstehen, daß soziale Systeme als 'Supersubjekte' agierten. Bezeichnet ist damit vielmehr das, was selbst nie Teil der Zirkulation der Zeichen wird, was weder konstruiert noch simuliert ist und doch nicht jenseits der Welt gefunden werden kann: ihre Möglichkeit.

---

299 Krause, Luhmann-Lexikon. S. 211-227.
300 Die *Luhmann mailing list* zu erreichen unter: <http://sti1.uni-duisburg.de/Luhmann/maillist/html>.

4.1 Das architektonische Moment der Theorie

Anknüpfend an die weiter oben, in dem Kapitel „Identität und Zeit" vorgestellte Möglichkeit, eine Paradoxie als Zeitform aufzufassen, sie als „Durchgangsstation"[301] zur Gewinnung neuer oder anderer Unterscheidungsmöglichkeiten zu benutzen, ist zunächst noch einmal klar herauszustellen, daß dies nicht (wie es scheinen möchte) auf blanke Beliebigkeit hinausläuft. So kann beispielsweise 'Zeit' sinnvollerweise nicht durch beliebige, sondern nur durch temporale Unterscheidungen konstituiert werden. Außerdem ist daran zu erinnern, daß auch die Beobachtung zweiter Ordnung die von ihr beobachtete Beobachtung erster Ordnung nur auswählen, aber nicht erfinden kann.[302] Denn damit ein Beobachten zweiter Ordnung die Frage nach der Einheit einer zuvor blind verwendeten Unterscheidung stellen kann, muß es sich ja das bezeichnete (und also unterschiedene) 'Was' von der von der Beobachtung erster Ordnung, die es beobachtet, geben lassen: „Wenn ein Beobachter aber beobachtet, was ein *anderer* Beobachter als identisch ansetzt, kann er sich die Freiheit nehmen, anders zu identifizieren, andere Unterscheidungen zu verwenden, von anderen Gegenbegriffen her zu interpretieren, kurz: Dasselbe als Nichtdasselbe zu behandeln. Wohlgemerkt: es handelt sich nicht nur um einfache Auffassungsverschiedenheiten – der meint, es sei ein Hase, der andere meint, es sei ein Kaninchen. Das Problem ist vielmehr, daß man einen Beobachter nur beobachten kann, wenn man sich das, was er sieht, durch ihn geben läßt. Denn anderenfalls würden einfach zwei verschiedene Beobachter erster Ordnung nebeneinander in die Welt blicken."[303]

In diesem Sinne rekurriert die Luhmannsche Systemtheorie für ihre eigenen Beobachtungen und Analysen auf gesellschaftliche Semantik, wie sie (als je historische, für bewahrenswert gehaltene Sinnreduktionen) in überlieferten Texten zum Ausdruck kommt.[304] Damit ist deutlich, weshalb die „Eule" der Systemtheorie nur im „Nachtflug" mit der Erkundung der modernen Gesellschaft beginnen kann[305] – oder in einer anderen Formulierung: Der Soziologe „durchschaut den Strukturschutz der Latenzen der Gesellschaft. Er sieht [...], daß die Gesellschaft nicht sieht, daß sie nicht sieht, was sie nicht sieht. Er sagt es und wünscht, sich verabschiedend, der Gesellschaft eine neue Zukunft."[306]

---

[301] Luhmann, Die Realität der Massenmedien, S. 214.
[302] Vgl. Luhmann, Die Realität der Massenmedien, S. 162.
[303] SozA 5, S. 20.
[304] Vgl. GdG, S. 313 u. 538.
[305] SoSy, S. 661. – Es findet sich denn überhaupt so manche auf Hegel anspielende Formulierung; vgl. nur WissdG, S. 533: „Es bleibt dabei: das Wahre meint das Ganze. Aber das Ganze ist, wenn Selbstbeobachtung impliziert ist, eine Paradoxie."
[306] Luhmann, Sthenographie und Euryalistik, S. 76.

Das sollte nicht vorschnell als 'Systemkonservatismus' oder gar als Zynismus mißverstanden werden;[307] es bezeichnet nur präzis einerseits den Anspruch der Systemtheorie, sich nicht durch normative Vorgaben den Blick trüben zu lassen, und dies ist
ja die grundsätzliche Kritik Luhmanns an Habermas bzw. an der Frankfurter Schule:
daß die Verwendung der Unterscheidung kritisch/affirmativ blind bleibe für die Möglichkeit, „daß das, was als Gesellschaft sich realisiert hat, zu schlimmsten Befürchtun-
gen Anlaß gibt, aber nicht abgelehnt werden kann."[308] Und andererseits ist damit die
Einsicht in die Begrenztheit der eigenen Möglichkeiten bezeichnet: Auch der Systemtheoretiker kann nicht für sich in Anspruch nehmen, nun die unzweifelhaft 'richtige'
Sicht auf Gesellschaft zu haben.

Zugleich erlauben es die obengenannten Zitate zum Verhältnis von Systemtheorie bzw.
Systemtheoretiker und Gesellschaft, die Luhmannsche Systemtheorie nicht nur als
'poststrukturalistische'[309], sondern auch als 'postmoderne' Theorie zu bezeichnen, ganz
Luhmanns eigener Unterscheidung folgend:
„Während die, sagen wir: klassische, Moderne die Erfüllung ihrer Erwartungen in
die Zukunft auslagerte und damit alle Probleme der Selbstbeobachtung und Selbstbeschreibung der Gesellschaft sich durch das 'noch nicht' der Zukunft abnehmen ließ, ist
ein Diskurs der Postmoderne ein Diskurs ohne Zukunft. Und hier muß folglich dasselbe Problem der Paradoxie der Beschreibung des Systems im System (der sich selbst
mitbeschreibenden Beschreibung also) anders gelöst werden – und das geschieht, wie
wir sehen, in der Form des Pluralismus, wenn nicht des anything goes."[310] – Wobei
natürlich klar ist, daß die Luhmannsche Systemtheorie dem Problem der sich selbst
mitbeschreibenden Beschreibung gerade nicht in die – wie so oft, so denn auch hier
apostrophierte – Beliebigkeit eines 'anything goes' ausweicht, sondern es auf ihre
Weise löst, nämlich mit der Figur des autologischen Rückschlusses.
Das heißt: Das historische Problem, nämlich die Selbstbeschreibung der Gesellschaft in der Gesellschaft, wird hier so gelöst, daß es in der Figur des autologischen
Rückschlusses Konsequenzen für die Theoriegestalt hat. Diese Figur des autologischen
Rückschlusses deutet sich an im Programm der vielfach zitierten und zwiefach zu le-

---

[307] Vgl. entsprechend (dort in bezug auf die Inadäquatheit des Versuchs, gesellschaftsstrukturellen Fol-
geproblemen mit Moral gegensteuern zu wollen) G&S 3, S. 443: „Wir haben es schlicht damit zu
tun, daß die moderne Gesellschaft, psychisch gesehen, eine Zumutung ist, der nicht über Konditionierung von Achtung und Mißachtung [also über moralische Kommunikation, R.P.] abgeholfen
werden kann. Und soziologisch heißt dies, daß man fragen müßte, wie und in welchem Möglich-
keitsspielraum eine Gesellschaft evoluieren kann, die ihrer psychischen Umwelt Derartiges aufbür-
det." (Meine Hervorhebungen, R.P.).
[308] SozA 5, S. 233; Hervorhebungen Luhmanns wurden nicht übernommen, R.P.
[309] Vgl. die Darstellung oben S. 33 (Anm. 103) bzw. SozA 6, S. 61 (Umkehrung bzw. Zirkularisierung
und temporale Reasymmetrisierung des Verhältnisses Struktur => Ereignis).
[310] BeobdM, S. 13.

senden Foersterschen Formulierung: observing systems, also: Beobachtende Systeme beobachtend – wobei der Beobachter selbst ein System ist.[311]

Er unterstellt dem von ihm Beobachteten Realität ('Es gibt selbstreferentielle Systeme'), wohlwissend, daß es sich dabei um eine zum Zwecke der Erkenntnis konstruierte Wirklichkeit handelt, und er legt diesen Zirkel als einen konditionierten Zirkel offen ('Man kann soziale Gegenstände nur dann als Systeme beschreiben, wenn man sie als selbstreferentielle Systeme beschreibt') – einen doppelten Zirkel, wie gesehen, weil auch der Beschreibende ein System 'ist' bzw., im Fall von Gesellschaft, das System 'mitreproduziert'.[312]

Hier ist denn auch der Abzweig zu anderen konstruktivistischen Theorien, sofern diese a) dabei stehenbleiben, daß der Erkenntnis nichts in der Außenwelt entspricht oder b) trotz fehlender Überprüfungsmöglichkeit hinsichtlich einer Adäquanz von Erkenntnis und Außenwelt von einer evolutionären Anpassung ersterer an letztere ausgehen[313] oder c) in bezug auf den, der so beschreibt, dann doch wieder externalisieren, also auf Bewußtsein oder ein Subjekt rekurrieren (womit dann, soweit es um Soziales geht, erneut das Problem der Intersubjektivität zu lösen ist).[314]

Beginnend mit c) ist der Unterschied, den die Luhmannsche Systemtheorie hier macht, erheblich: Der Subjektbegriff wird aufgegeben, und an seine Stelle treten verschiedene Systemreferenzen (etwa: neurophysiologisches, psychisches oder soziales System). Insofern Soziales als emergente Realitätsebene verstanden wird, das durch den Rekurs auf Psychisches (oder andere Systemebenen) nicht zureichend erklärt werden kann, entfällt das Problem der Intersubjektivität.[315] Und indem für Luhmann Gesellschaft als das umfassende Sozialsystem den Bezugspunkt der Analyse bildet, muß

---

[311] Vgl. zur hier im folgenden gebotenen Erläuterung auch WissdG, S. 360f., 506-508 und 527-531, sowie Luhmann, Sthenographie und Euryalistik, insbes. S. 69ff.

[312] Diese letzte Formulierung ('ist' bzw. 'mitreproduziert') ist gleichermaßen unglücklich wie bezeichnend: unglücklich, insofern sie suggeriert, Gesellschaft werde durch menschliche (subjekt-verursachte) Mitteilungshandlungen konstituiert; bezeichnend, weil Kommunikation nicht ohne die Verkürzung des kommunikativen Geschehens auf (in diesem Geschehen konstituierte) Mitteilungshandlungen und deren Zurechnung auf Personen auskommt. (Vgl. oben Kap. 2.1 und 2.2.).

[313] So der Vorwurf an den größeren Teil der 'cognitive sciences': daß sie „von Lebensdienlichkeit auf Außenweltbezug" schlössen (WissdG, S. 8). Vgl. zu von Glasersfelds Begriff der „Viabilität" ders., Siegener Gespräche, S. 439f., sowie ders., Wissen, Sprache und Wirklichkeit, S. 137-143 und WissdG, S. 521.

[314] Von Glasersfeld etwa geht von einer je subjektinternen Konstruktion aus, d.h. A unterstellt B als Subjekt, sobald und soweit A erfahren hat, daß B sich überraschend verhält, anders ist als andere Dinge. Das läuft auf „eine Art Ich-Analogie" (WissdG, S. 18) hinaus, deren Genese und deren Entsprechung auf der Seite B's freilich problematisch bleiben. – Vgl. von Glasersfeld, Siegener Gespräche, S. 411-413. Vgl. ferner die Darstellung bei Schmidt, Der Radikale Konstruktivismus, insbes. S. 19 und 39 (Rekurs auf Subjekthaftigkeit und Intersubjektivität). Vgl. zu seiner Kritik an der Luhmannschen Konzeption ders., Die Selbstorganisation des Sozialsystems Literatur, S. 35ff.

[315] Vgl. entsprechend oben den Anfang von Kap. 2.2.

Wissen als kommunikativer Sachverhalt begriffen werden, dessen Zurechnung auf Einzelpersonen eine kommunikativ erforderliche Fiktion ist.[316]

Was a) und b) betrifft, kann die Luhmannsche Systemtheorie dank ihres unterscheidungstheoretischen Instrumentariums, das von George Spencer Brown her inspiriert wurde,[317] andere Optionen anbieten. Der springende Punkt ist die „Abkopplung des Unterscheidens vom Negieren"[318] und entsprechend die Unterscheidung von Operation und Beobachtung. Die Operation tut, was sie tut, und die Fortsetzung der Autopoiesis eines Systems, daß beispielsweise Kommunikation an Kommunikation anschließt, kann unterschieden werden von der Frage, ob und wie im System darüber hinausgehend auch die Umwelt des Systems beobachtet wird und ob und wie im System Erkenntnisse gewonnen werden. Das heißt: Zunächst einmal muß die Umwelt eines Systems dessen Autopoiesis tolerieren. Und insofern das der Fall ist, ist das System immer schon angepaßt an seine Umwelt, aber gerade nicht über kognitionsbezogene Eigenleistungen des Systems.[319]

Und so ist dann auch das 'Nicht' der Nicht-Entsprechung von systeminterner Erkenntnis und systemexterner Umwelt spezifiziert, genauer gefaßt als nur ein bloßes 'Nicht': nämlich als die systeminterne Verwendung von Unterscheidungen, für die es in der Umwelt des Systems keine Entsprechungen gibt.[320]

Damit ist deutlich, daß es das unterscheidungstheoretische Instrumentarium ist, das eine Präzisierung der erkenntnistheoretischen Fragestellungen, wie sie sich aus einem konstruktivistischen Ansatz ergeben, erlaubt und einen 'Zusammenschluß' konstruktivistischer und realistischer Theorieaspekte ermöglicht. In genau dieser Hinsicht ist es m.E. legitim, von einer Archi-Tektonik der Luhmannschen Systemtheorie zu reden oder, wenn 'Architektonik' zu sehr einen herrschenden Anfang assoziieren läßt, vom bewegenden 'Prinzip', das immer eines der Differenz (auf der Ebene von Autopoiesis:

---

[316] Dies gilt denn auch für das Sich-Zurechnen von Wissen eines Bewußtseinssystems, vgl. WissdG, S. 22: „So ist denn auch das Wissen, über das ein Einzelbewußtsein als über 'eigenes' zu verfügen meint, im wesentlichen Resultat von Kommunikation; und hinzu kommt eigentlich nur ein gewisses Maß an Idiosynkrasien und Zufallskonstellationen der je individuellen Biographie." – Vgl. zu „Wissen" ausführlich WissdG, Kap. 3.

[317] Vgl. ders., Laws of Form.

[318] WissdG, S. 518; und damit die 'Vorgängigkeit' des Unterscheidens vor einem Negieren (vgl. oben S. 66, Anm. 222, sowie WissdG, S. 517f.); damit sind auch Paradoxien des Unterscheidens (also die Paradoxichaftigkeit allen Beobachtens) zu unterscheiden von solchen, die durch eine Kombination von Negation und Selbstreferentialität zustande kommen.

[319] Vgl. entsprechend Luhmann, Die Realität der Massenmedien, S. 169ff. Und erst von hier aus ist dann zu fragen, inwieweit umweltbezogene Erkenntnisse die Evolutionschancen eines Systems beeinflussen können; vgl. entspr. WirtdG, S. 169: „In einem Maße wie nie zuvor ändert unser Gesellschaftssystem die Lebensbedingungen auf dem Erdball. Wir können nicht voraussetzen, daß die Gesellschaft weiterhin mit der Umwelt, die sie schafft, existieren kann."

[320] Vgl. oben Kap. 3.1.

die operativ erzeugte Grenze System/Umwelt) bzw. eines der Unterscheidung (Beobachtung mit Hilfe der Unterscheidungen Operation – Beobachtung, System – Umwelt etc.) ist.

Damit ist, um Verwechslungen vorzubeugen, nicht behauptet, die Luhmannsche Systemtheorie sei in einer bestimmten Erkenntnistheorie begründet oder umgekehrt, denn „es geht nicht einfach um eine Umkehrung des Fundierungsverhältnisses, also nicht darum, Erkenntnistheorie auf Gesellschaftstheorie zu gründen statt, wie vorher, Gesellschaftstheorie auf Erkenntnistheorie. Die Neuerung liegt in der Umstellung von asymmetrischen Begründungsannahmen (in der einen oder anderen Richtung) auf Zirkularität."[321] Und eben dieser zirkuläre Zusammenschluß von erkenntnis- und gesellschaftstheoretischen Aspekten in einer Systemtheorie (Gesellschaft ist ein System; daß es Systeme gibt, kann man nur mit Bezug auf Erkenntnisinteressen sagen; dabei ist derjenige, der dies Erkenntnisinteresse verfolgt, selbst ein System bzw. trägt zu dessen Autopoiesis bei) wird erst möglich durch das oben skizzierte unterscheidungstheoretische Vorgehen.

Entsprechend läßt sich eine allmähliche Umstellung der systemtheoretischen Terminologie auf eine unterscheidungstheoretisch konzipierte Begrifflichkeit (wie Operation/Beobachtung, Form/Medium etc.) konstatieren:[322] So werden etwa die Begriffe 'Operation' und 'Beobachtung' bereits in „Soziale Systeme" wiederholt genannt, doch sind sie zu diesem Zeitpunkt in ihrer theorietechnischen Bedeutung kaum zu erkennen (so wird etwa die autopoietische Reproduktion eines Systems vornehmlich an den Begriff des Elements und nicht an den der Operation gebunden), und noch zwei Jahre nach dem Erscheinen von „Soziale Systeme" heißt es: „Hier, nämlich im Verhältnis autopoietischer Operation und Beobachtung liegen heute die wohl wichtigsten, ungeklärten Probleme der weiteren Theorieentwicklung."[323] Und dies, wohlgemerkt, angesichts und ungeachtet dessen, daß der unterscheidungstheoretische Ansatz schon zum Einsatz kommt, nämlich in der entsprechenden 'Dekonstruktion' des Husserlschen und des Habermasschen Begriffs der Lebenswelt, welcher als Kondensat sinnhaften Unterscheidens (mit der Unterscheidung vertraut/unvertraut) reformuliert wird.

---

[321] WissdG, S. 616f.

[322] Dies war bereits weiter oben (s. S. 38, Anm. 128) notiert worden, etwa in der Umstellung von einem eher phänomenologisch zu nennenden Sinnbegriff (Horizont-Metapher) auf einen unterscheidungstheoretisch gefaßten Begriff, der die Genese von Sinn zu beschreiben erlaubt und in der Reformulierung des Sinn-Gebrauchs vermittels der (ebenfalls unterscheidungstheoretisch gearbeiteten) Begrifflichkeit von Form und Medium. Vgl. den entsprechenden Hinweis für die Reformulierung des Verhältnisses von Kommunikation als konstituierender Autopoiesis und Handlung als konstituiertem Element sozialer Systeme mit Hilfe der Unterscheidung von Operation und Beobachtung im *Ersten Intermezzo*.

[323] Luhmann, Die Lebenswelt, S. 194, Anm. 48.

Ich möchte die Bedeutung des unterscheidungstheoretischen Vorgehens nun kurz skizzieren, und zwar im Blick auf die genannte Verbindung der Autopoiesis eines Systems durch seine Operationen mit der Beobachtung dieser Autopoiesis durch einen Beobachter. Sowie ein System zu operieren beginnt, ist schlageinheitlich eine Grenze markiert, nämlich die zur Umwelt des Systems; in der Notation von George Spencer Brown:

System	Umwelt

Diese Differenz zur Umwelt kommt nur dadurch zustande, daß das System zu operieren beginnt oder besser: dadurch, daß sich ein selbstreferentieller Operationszusammenhang ausdifferenziert aus seiner Umwelt. Die Differenz von System und Umwelt wird also durch die Operationen des Systems erzeugt, und diese Operationen sind notwendig selbstreferentiell, denn es gibt ja keine Operationen als singuläre Ereignisse – sie verdanken sich ja stets einer rekursiven Bezugnahme auf andere Ereignisse desselben Typs, also einem rekursiven Operationszusammenhang. Auf dieser Ebene der Autopoiesis eines Systems passiert nichts weiter als die Reproduktion des Systems, indem eine Operation an die nächste anschließt: pure *Faktizität*.

Erst in der Beobachtung dieser autopoietischen Reproduktion (sei es durch das sich reproduzierende System selbst, sei es durch ein anderes System) wird deutlich, *wie* das System sich reproduziert, und hier gilt es zu unterscheiden: Operativ ist das System geschlossen, denn es können nur kommunikative Ereignisse an kommunikative Ereignisse, nur Wahrnehmungen an andere Wahrnehmungen desselben Bewußtseinssystems anschließen. Kognitiv ist das System jedoch offen, denn es bezieht sich in seinem Operieren auf seine Umwelt. So ist Kommunikation beispielsweise nicht möglich ohne ein Minimum an Informativität/Thematizität, worin der Umweltbezug des Systems zum Ausdruck kommt (seine Fremdreferenz). Das heißt: Ein Beobachter sieht, daß das rekursive selbstreferentielle Operieren und Sich-Reproduzieren eines Systems immer Selbstreferenz und Fremdreferenz kombiniert, im Falle von Kommunikation also Mitteilung und Information. Dabei bildet die Fremdreferenz nie 'die Umwelt als solche' ab, sondern immer die Umwelt aus der Sicht des Systems oder besser noch: die Umwelt als systeminterne Konstruktion. Und aus der Sicht eines Beobachters ist diese systeminterne Unterscheidung von Selbst- und Fremdreferenz nichts anderes als die in das System 'hineinkopierte' operativ erzeugte Grenze zwischen System und Umwelt.

Der entscheidende Punkt für die Theoriekonstruktion ist, daß die *operativ erzeugte Grenze* zu unterscheiden ist, und zwar zum einen (im Hinblick auf die behauptete Realität von Systemen) von der systeminternen Handhabung der *Unterscheidung von Selbst- und Fremdreferenz* und zum anderen (im Hinblick auf Theorieentscheidungen und Erkenntnisinteressen) von der *Unterscheidung von System und Umwelt*, so daß sich folgendes Bild ergibt:

a) Ebene der Autopoiesis: Es geschieht, was geschieht, d.h. es schließen Unterschiede an Unterschiede an, und es wird durch diese Unterschiede erzeugenden Operationen eine Grenze zwischen System und Umwelt gezogen – die Differenz von System und Umwelt kommt in die Welt:

System	Umwelt

b) Beobachtung von autopoietischer Reproduktion: Letztere ist nur möglich, insofern das System intern die Unterscheidung von Selbst- und Fremdreferenz verwendet und fortlaufend kombiniert, sich also fortwährend auf seine Umwelt bezieht – die in aller Autopoiesis benötigte Selbstreferenz ist stets nur mitlaufende Selbstreferenz:

System:	Umwelt
Selbst- / Fremdreferenz	

c) Die Unterscheidung von System und Umwelt kann unterschieden werden von anderen Unterscheidungen; damit können verschiedene Unterscheidungen daraufhin verglichen werden, was man mit ihnen zu sehen bekommt und daraufhin, ob es sich um 'wiedereintrittsfähige' Unterscheidungen handelt (wie etwa die Differenz von System und Umwelt systemintern als Unterscheidung von Selbstreferenz und Fremdreferenz wieder auftaucht), was Bedingung der Möglichkeit für autologische Rückschlüsse ist. So lassen sich unterscheiden:

| System | Umwelt | von | Sein | Nichtsein | als der ba-

salen Unterscheidung ontologischer Theoriebildung (so jedenfalls stellt es sich für

Luhmann dar) oder von | Aktualität | Virtualität | als der für Sinn konstitutiven Unterscheidung.

Ich möchte dieses Verhältnis von Autopoiesis, Beobachtung von Autopoiesis und Theorieentscheidungen mit zwei Zitaten illustrieren: „Wenn man Operationen für Fakten hält, die man empirisch feststellen kann, beobachtet man [...] unterkomplex. Wenn man sie als Beobachtungen analysiert, die gesellschaftsstrukturell vorgegebene Unterscheidungen reproduzieren, wenn man also im Modus der Beobachtung zweiter Ordnung beobachtet, ist damit die Faktizität der Abläufe keineswegs bestritten."[324] – Und: „Die Erzeugung von Geschlossenheit ist der operative Vollzug der Erzeugung von Geschlossenheit, und nicht etwas, was man als Grund vorfinden könnte, von dem

[324] Luhmann, Bemerkungen zu „Selbstreferenz", S. 144.

man ausgehen oder den man entdecken kann. Der Grund kann nur in der Tätigkeit des Begründens liegen, in den künstlichen Redundanzen, die sie aufbaut, also in der funktionierenden Rekursivität des Begründens, also in dem System, das sie bildet. [...] Und auch die Systemtheorie kann als Grund nur die Autopoiesis der Systeme nennen, die Autonomie des faktischen Vollzugs der Selbstproduktion als Einschließung in die Welt. Wir bemerken das als Beobachter."[325]

Das Autopoiesis-Konzept dient also der Luhmannschen Systemtheorie als asymmetrische Konditionierung, als „Form der Selbstreferenzunterbrechung"[326], was unverzichtbar ist, insofern die Systemtheorie als eine universale Theorie zirkulär ist und sich selbst als einen ihrer 'Gegenstände' behandeln können muß. Und es ist eben die oben skizzierte unterscheidungstheoretische 'Unterfütterung', die es ermöglicht, das Konzept der Autopoiesis (Operationen) mit der Second-order-cybernetics (Beobachtungen) zu verbinden, was es der Theorie zuletzt erlaubt, über sich selber, über ihre eigenen Voraussetzungen aufzuklären und sich selbst in die Beschreibung ihres 'Gegenstandes' miteinzubeziehen.

Die Theorie muß also *sowohl* ihren „Begründungszirkel" anerkennen *als auch* ihn mit Hilfe entsprechender Unterscheidungen unterbrechen.[327] Ohne diese Unterbrechung, diese Asymmetrisierung käme sie zu keiner Aussage, denn jede Bezeichnung akzentuiert ja die eine Seite der verwendeten Unterscheidung (und nicht die andere Seite, auch nicht beide Seiten zugleich) – auch wenn die eine Seite (z.B. 'System') nur in bezug auf die andere Seite ('Umwelt') zu denken ist.[328] Die Unterscheidung von Operation und Beobachtung leistet genau dieses *'sowohl – als auch'*: Das Konzept autopoietischer Operationen unterbricht den selbstreferentiellen Zirkel der Theorie, bewahrt oder anerkennt ihn aber zugleich, insofern alle Beobachtungen Operationen und alle Operationen (jedenfalls alle Operationen von Sinnsystemen) auch Beobachtungen sind.

Es ist diese unterscheidungstheoretische Begrifflichkeit und insbesondere die Wahl von Unterscheidungen, die 'wiedereintrittsfähig' gebildet sind, die die 'Architektonik', die eigentümliche Bewegtheit der Theorie kennzeichnen. „Architektonik" geht also nicht auf „die Einheit der mannigfaltigen Erkenntnisse unter einer Idee", welche zu ihrer Ausführung eines Schemas bedarf, „d.i. eine a priori aus dem Prinzip des Zwecks bestimmte wesentliche Mannigfaltigkeit und Ordnung der Teile"[329]: weder Vernunft-

---

[325] Luhmann, Sthenographie und Euryalistik, S. 75f.
[326] WissdG, S. 360. ··· Das ist möglich, weil jede Operation schlicht das tut, was sie tut; anders gesagt: Paradoxien sind immer nur das Problem eines Beobachters.
[327] Siehe WissdG, S. 507.
[328] Es ist eben das *System*, das die Differenz zwischen System und Umwelt operativ erzeugt, auch wenn das System nichts anderes ist als dieser Unterschied von System und Umwelt.
[329] Kant, Kritik der reinen Vernunft, B 860f.

zweck noch empirische Zwecke[330], und insofern nicht einmal technische Einheit; andererseits aber auch keinesfalls ein bloßes Aggregat. Wiewohl also der Begriff der Architektonik im Sinne der Metaphysik hier keinen Ort mehr hat, ist doch ein wesentlicher Aspekt auch hier zu finden, nämlich das Hinausgehen über ein bloßes Aggregat. Eben deshalb möchte ich auf den Begriff der Architektonik nicht verzichten. Zur seiner Bestimmung bietet es sich an, auf das für Architektur überhaupt charakteristische Verhältnis von innen und außen zu rekurrieren.[331]

Systembildung ist exakt in diesem Sinne die Erzeugung eines operativ geschlossenen Innen, das gleichwohl in keiner Weise zu denken wäre ohne ein Außen (Umwelt), das als *sein* Außen schlageinheitlich mit der Systembildung erzeugt wird und unverzichtbar ist für den Fortbestand des Innen (System). Damit ist das Innen jederzeit bezogen auf sein Außen: operativ durch die das Innen abschließende Grenzziehung und kognitiv durch die Offenheit des Systems hinsichtlich der Inhalte seines Operierens, hinsichtlich des von ihm Beobachteten.

Alle für die Theorie konstitutiven Unterscheidungen sind derartige Zwei-Seiten-Formen, und entsprechend lassen sich insbesondere bei 'wiedereintrittsfähigen' Unterscheidungen verwandte Merkmale konstatieren: So wie im Verhältnis von Operation und Beobachtung die Operation an sich selbst eine unbeobachtete bleibt, die wesentlich nur an ihren Effekten beobachtbar wird, so sind im Verhältnis von Medium und Form Medien als solche ('die Sprache' etwa) unbeobachtbar, abzugreifen bzw. beobachtbar immer nur an den Formen, die das Medium annimmt (Sätze beispielsweise).[332] Und wie im Falle von Sinnsystemen alle Operationen auch Beobachtungen sind (und umgekehrt alle Beobachtungen Operationen – sonst fänden sie nicht statt), so sind alle

---

[330] Kein empirischer Zweck jedenfalls auf der Ebene der Autopoiesis von Systemen; von dieser Zwecklosigkeit unberührt bleibt die Möglichkeit, daß sich ein System unter der Voraussetzung seiner laufenden Autopoiesis Zwecke setzt.

[331] Vgl. Henckmann/Lotter, Lexikon der Ästhetik, S. 18f., sowie Baecker, Die Dekonstruktion der Schachtel: Innen und Außen in der Architektur. Die oben genannte eigentümliche Bewegtheit der Theorie ist weniger im Begriff der Architektonik denn in dem der (Geo-) Tektonik bewahrt geblieben, insofern es in ihr um die *Bewegungen* der Erdkrustenteile geht, die den Bau der Erdrinde bewirken (vgl. Der große Brockhaus, Bd. 4 (FBA-GOZ), S. 510.

[332] Vgl. hierzu ausführlicher KdG, Kap. 3: Medium und Form. – Medien wie Formen, das war bereits in Kap. 2.2 (operative Kopplung vermittels Sprache) vermerkt worden, existieren nicht an sich, sondern sind systeminterne Konstruktion. Sie werden unterschieden als lose Kopplung (Medium) und feste Kopplung (Form) von Elementen, und jedes Medium 'ist' selbst wieder Form in einem Medium; nur so hat es eine gewisse Diskretheit, Körnigkeit, die eine festere Kopplung erlaubt. Da die Formen selbst nicht dauerhaft stabil sind, verbrauchen sie das Medium nicht, sondern regenerieren es. Man kann ferner typologisch verschiedene Medien danach unterscheiden, welche Probleme der Kommunikation sie lösen: Sprache als quasi basales Kommunikationsmedium erhöht die Chancen für eine erfolgreiche sinnhafte Kopplung von Bewußtseins- und Sozialsystemen; Verbreitungsmedien erhöhen die 'Reichweite' von Kommunikation; 'Erfolgsmedien' (symbolisch generalisierte Kommunikationsmedien) erhöhen die Annahmewahrscheinlichkeit für Kommunikation. Vgl. hierzu SoSy, S. 216ff., und GdG, Kap. 2.

Formen Formen in einem Medium, das seinerseits wiederum aus Formen gebildet ist; kurz: die eine Seite der Unterscheidung ist nicht denkbar ohne die andere Seite.

Ein sehr wichtiger Aspekt der Einführung der Unterscheidung von Medium und Form ist ferner der, daß sie 'de-ontologisierend' wirkt – es gibt ja kein Medium 'an sich'. Vielmehr ist das Medium selbst wieder als Formbildung in einem weiteren Medium zu verstehen, welches weitere Medium wiederum Formen in einem Medium darstellt usw. Die Einführung dieser Unterscheidung 'tilgt' also gewissermaßen 'ontische Überstände',[333] und sie führt damit das 'Programm' der De-Ontologisierung fort, wie es uns schon im Elementbegriff begegnet war:[334] Elemente sind nicht 'an sich' einfach, sondern nur für das System, das die Elemente bildet bzw. das durch die Elemente gebildet wird.

Man kann sich bei aller historischen Materialfülle, die mit dieser Theorie bearbeitbar wird und die einen durchaus labyrinthisch anmuten mag, nicht wirklich verlaufen, wenn man darauf achtet, welche Unterscheidungen zugrundegelegt werden und wie diese Unterscheidungen konditioniert sind, also ob und unter welchen Bedingungen man von der einen Seite der Unterscheidung zur anderen gelangt; und wenn man (nach der Seite der Realität von Systemen gesehen) darauf achtet, mit Hilfe welcher Unterscheidungen operativ erzeugte Unterschiede beobachtet werden.

Nur Systeme operieren, nur selbstreferentielle Operationen differenzieren ein System aus seiner Umwelt aus. Die immer nachursprünglich startende Autopoiesis (es gibt, so zeigte sich, weder erste noch letzte Operationen für das System selbst) 'kennt' nur zwei Zustände: Sie passiert, die Operationen werden fortgesetzt, oder sie passiert nicht, endet, bricht ab, kommt nicht zustande. Die fundamentale Zirkularität der Autopoiesis, die ihr selbst nicht zum Problem werden kann, zeitigt in ihrer Beschreibung so zwangsläufig Tautologien und unter Umständen auch Paradoxien, welche immer nur für einen Beobachter ein Problem sind, niemals für die Autopoiesis selbst. Die Theorie weist demnach unvermeidlich zirkuläre Begriffsverhältnisse aus, welche wesentlich über Zeitbezug asymmetrisiert werden, ohne daß nun 'Zeit' als ein Externum genommen würde. Genau hierin, daß die Theorie letztlich immer in sich zurückläuft, liegt ihre eigentümliche 'Einheit' oder Geschlossenheit, ihre Systematizität bei aller thematischen Offenheit.

Und wie einerseits die autologische Konzeption die eigentümlich geschlossene Gestalt der Theorie kennzeichnet, so strukturiert andererseits das unterscheidungstheoretische Vorgehen die thematische Offenheit der Theorie. Dabei ist von entscheidender Bedeutung, daß diese architektonischen Momente die Theorie nicht stillstellen, sie nicht zu

---

333 Vgl. entsprechend KdG. S. 165: „Die Unterscheidung Medium/Form dient dazu, die Unterscheidung Substanz/Akzidenz oder Ding/Eigenschaften zu ersetzen."
334 Vgl. oben den Beginn von Kap. 1.2.

einem festgefügten Ganzen erstarren lassen. – Das ist für das unterscheidungstheoretische Vorgehen klar, gilt aber auch für die autologische Konzeption, denn alle erkenntnistheoretische Einsicht ist einerseits selbst unterscheidungstheoretisch konzipiert und bringt andererseits den blinden Fleck allen Beobachtens nicht weg:

Die Beobachtung von Beobachtungen kann zur Entdeckung der Paradoxiehaftigkeit des Beobachtens überhaupt führen; und von hier aus wird die Bedeutung von Zeit (das Paradox als die 'Gleichzeitigkeit des Nacheinander') wie von Unterscheidungen erst recht erkennbar. Denn das „Problem liegt [...] gar nicht in der Paradoxie selbst, sondern in den Formen ihrer Auflösung."[335] Die Formen zur Auflösung von Paradoxien sind aber nichts anderes als Unterscheidungen, deren Unterschiedene wie deren Einheit operativ immer nur sequentiell, in einem Nacheinander von Operationen benutzt werden können. Und wiewohl der Beobachter im Durchgang durch die Paradoxiehaftigkeit allen Beobachtens sich die Einsicht erschließen kann, daß auch er unvermeidlich immer nur eine Kombination aus Blindheit und durch diese Blindheit ermöglichter Sicht realisieren kann, und wiewohl er sich dergestalt darüber Rechenschaft ablegen kann, anhand welcher konkreten Unterscheidungen er zu seinen Erkenntnissen kam, ist auch er als System stets seiner eigenen Autopoiesis 'hinterher', die von ihm niemals eingeholt werden kann – worin sich noch einmal der abgrundtiefe Abstand zum Zu-sich-selbst-zurückkehren-Können bzw. zum im emphatischen Sinne anfänglichen Wissen der Metaphysik bekundet.

---

[335] Luhmann, Sthenographie und Euryalistik, S. 72.

4.2 Philosophische Grenzgänge

Insbesondere zur jüngeren französischen Philosophie lassen sich zahlreiche Bezüge herstellen, wiewohl die explizite oder gar wechselseitige Bezugnahme eher spärlich zu nennen ist.

Ich zitiere aus „Differenz und Wiederholung" von Gilles Deleuze: „Die Differenz und die Wiederholung sind an die Stelle des Identischen und des Negativen, der Identität und des Widerspruchs getreten. Denn nur in dem Maße, wie man die Differenz weiterhin dem Identischen unterordnet, impliziert sie das Negative und läßt sich bis zum Widerspruch treiben. Der Vorrang der Identität, wie immer sie auch gefaßt sein mag, definiert die Welt der Repräsentation. Das moderne Denken aber entspringt dem Scheitern der Repräsentation wie dem Verlust der Identitäten [...] Alle Identitäten sind nur simuliert und wie ein optischer 'Effekt' durch ein tieferliegendes Spiel erzeugt, durch das Spiel von Differenz und Wiederholung."[336]

Und in der Tat zeigt die Luhmannsche Systemtheorie, wie nach dem Zerbrechen der Möglichkeit von Repräsentation umgestellt werden kann auf Konstruktion von Wirklichkeit – immer um den Preis eines von der beobachtungsleitenden Unterscheidung ausgegrenzten unmarked space und damit immer um den Preis der Unbeobachtbarkeit der einen wirklichen Welt in toto: Welt kann stets nur zugleich sichtbar und unsichtbar gemacht werden.[337]

Alle Identitäten, die einem System zugesprochen werden können, sind 'simulierte', konstruierte; sie können, weil sie der Autopoiesis eines Systems nachgeordnete Möglichkeiten darstellen, weder als ein der Autopoiesis Vorausliegendes begriffen werden noch vermögen sie die Wirklichkeit der autopoietischen Reproduktion jemals vollständig einzuholen: „Es bleibt dabei: das Wahre meint das Ganze. Aber das Ganze ist, wenn Selbstbeobachtung impliziert ist, eine Paradoxie."[338]

Und schon die Erzeugung von Identischem überhaupt (also nicht in der vergleichsweise anspruchsvollen Reflexion auf die Einheit eines Systems) vollzieht sich über 'Differenz' und 'Wiederholung': Erst wiederholte Operationen ermöglichen es, ein Bezeichnetes als Identisches zu kondensieren und es so als ein Bestimmtes zur wiederholten Bezeichnung nutzen zu können; und zugleich ermöglicht das Wiederholen von Operationen, die ja – da ereignishaft – Zeitstellen-verschoben erfolgen und somit in

---

[336] A.a.O., S. 11.
[337] Vgl. oben das 2. Schema in Kap. 3.1 (S. 64): Die 'eine wirkliche Welt' hatte sich als in toto unbeobachtbar erwiesen, weil jedes Beobachten eine Unterscheidung voraussetzt und insofern immer einen blinden Fleck produziert oder mit sich bringt. Die im diesem Sinne unbeobachtbare Welt war als 'unmarked state', als das, was das Beobachtet-Werden erträgt, benannt und vorausgesetzt worden.
[338] WissdG, S. 533. – Vgl. hierzu auch Deleuze, a.a.O., S. 200f.

immer schon veränderten Kontexten statthaben, ein Bezeichnetes mit neuen Sinngehalten anzureichern, es zu konfirmieren.[339]

Nun zeigt die Luhmannsche Systemtheorie nicht nur, wie Wirklichkeit konstruiert werden kann; sondern sie weiß ebenso um die De(kon)struierbarkeit aller konstruierten – oder wenn man so will: simulierten – Wirklichkeiten, insofern ihre Erzeugung unterscheidungsabhängig ist und bleibt. Genau darin sieht sie sich einig mit Derrida: „Dank der Arbeiten von Jacques Derrida kann man wissen, daß jede Unterscheidung (und damit: der Kontext jeder Bezeichnung) dekonstruierbar ist. Man kann wissen, daß jede Unterscheidung ein Implikationsverhältnis im Unterschiedenen postulieren – und dies zugleich negieren muß, wenn sie von der Unterscheidung zur Placierung einer Bezeichnung Gebrauch macht. Man weiß auch, welche Sorte Text möglich bleibt, wenn man diese Einsicht ernst nimmt (was nicht jedermanns Sache ist). Man muß dann im Stile Nietzsche/Heidegger/Derrida mit der Paradoxie von sich selbst negierenden Unterscheidungen arbeiten und die expressiven Möglichkeiten des Vertextens nutzen, um genau dies mitzuteilen."[340]

Es kann hier nun nicht darum gehen zu zeigen, ob und inwieweit diese Beurteilung Luhmanns den genannten philosophischen Positionen unrecht tut, sie nicht adäquat erfaßt.[341] Der Punkt ist vielmehr der der Übereinstimmung im Wissen um die Unterscheidungsabhängigkeit von Bezeichnungen und somit um ihre Dekonstruierbarkeit, und insofern wird man die Luhmannsche Systemtheorie nicht ohne weiteres gegen Derrida profilieren und ihr dergestalt bloße Simulationshörigkeit vorwerfen können.

Was wäre nun das Andere zur Simulation/Konstruktion? Wenn mit diesem Anderen das bezeichnet ist, was sich „*von sich her* zeigen sollte" (statt ein bloß Produziertes zu sein), was „nicht länger außerhalb – als Jenseits – gesucht wird, sondern *innerhalb* der simulierten Wirklichkeit gefunden werden soll"[342], so wären wir auf Lyotards Begriff des Erhabenen verwiesen – dies um so mehr, als Lyotard in lakonischer Kürze behauptet: „Es gibt kein Erhabenes bei Luhmann. Und wenn es ein Erhabenes gäbe, wäre es auf jeden Fall dazu bestimmt [sc.: von den Systemen, R.P.] inkorporiert zu werden."[343]

Was meint der Begriff des Erhabenen, des Undarstellbaren bei Lyotard? Er ist jedenfalls nicht, wie Dirk Baecker behauptet, „aus dem Gefühl heraus [formuliert], daß zuviel geht und wir irgendetwas zu schaffen versuchen müssen, was in sich uns mitteilt: dies ist ein Werk, ein Werk, das nicht mehr übertroffen werden kann und nach

[339] Vgl. WissdG, S. 108f.: Wiederholung hat den „Doppeleffekt" von Kondensierung und Konfirmierung.
[340] WissdG, S. 93f.
[341] Vgl. jedoch zum vertextenden Schreiben Derridas Buchmann, Das Paradox der Struktur, insbes. Kap. III.3: Das Spiel zwischen Kreis und Ellipse.
[342] Scheier, Wie erhaben ist das Sublime?, S. 13f.
[343] Lyotard, Das Undarstellbare – wider das Vergessen, S. 338.

dem man auch keine anderen Werke mehr zu schaffen braucht."[344] – Diese Einschätzung Baeckers subsumiert nämlich die Frage nach dem Erhabenen unter eine primär anthropologisch konzipierte Ästhetik, deren Favorisierung der Entlastungsfunktion insbesondere seit Schopenhauer immer wieder einen entscheidenden Stellenwert in der Diskussion bekommt. Ineins damit nimmt seine Einschätzung die Frage nach dem Erhabenen auch als eine religiös motivierte, wie die an die oben zitierte Einschätzung anschließende Frage zeigt: Wie „erklärt sich dieses Verlangen, zu einem erhabenen Gegenstand zu kommen, der ein Ende setzt, [...] das weder von dem Künstler noch von dem Betrachter selbst gesetzt werden kann, sondern sich ereignen muß als Divination, als divinatorisches Ereignis?"[345]

Versuchen wir statt dessen, uns dem Begriff des Undarstellbaren bei Lyotard über den der Darstellung zu nähern: „Die Darstellung ist kein Akt des Gebens (der von einem Es [...] herrührte und für uns, Menschen, bestimmt wäre; das gerade nicht). *Unter Darstellung* [...] *verstehe ich* [...] *nur, daß etwas stattfindet.* Dieses Etwas ist ein Satz, unbezweifelbar (Nr.99). Da ein Satz ein Universum darstellt, nenne ich, *daß* der Satz stattfindet: Darstellung."[346]

Und: „Daß sich der Satz der Prüfung des universalen Zweifels entzieht, rührt weder von seiner Wirklichkeit noch von seiner Wahrheit her, sondern beruht darauf, daß er nur das ist, was geschieht, *what is occurring*, 'das Fallende' [...]. Man kann nicht bezweifeln, daß etwas geschieht, wenn man zweifelt: es geschieht, daß man zweifelt. Und wenn: *Es geschieht, daß man zweifelt* ein anderer Satz ist als: *Man zweifelt*, dann geschieht ein anderer Satz. Und wenn man meint, daß er nicht geschieht, sondern geschehen ist, dann geschieht, daß man das meint. Und um am Was zu zweifeln, ist es immer schon zu spät."[347]

---

344 Dirk Baecker in: Baecker, Bunsen, Luhmann: Das Kabelkalb. Ein Gespräch über Kunst, S. 66.

345 Ders., a.a.O., S. 66. – Auch Luhmanns an diese Frage anschließende Bemerkung ist nicht geeignet, das Staunen des Lesers zu verringern: Der Begriff des Erhabenen gilt als überflüssige wie fragwürdige Etikettierung eines Kunstwerks. der der Abwehr von Beliebigkeit diene; fragwürdig, weil von außen an das Werk herangetragen (statt auf seinen Produktionsprozeß Bezug nehmend); überflüssig, weil das Kunstwerk selbst als „Formordnung", als Realisierung der Kombination von Unterscheidungen verstanden wird, was eo ipso Beliebigkeit ausschließt. (Vgl. ebd.).

346 Lyotard, Der Widerstreit, S. 133 (nur die Auslassungszeichen sowie die Hervorhebungen stammen von mir, R.P.). – Im übrigen verhält es sich so. daß das, *was* ein Satz darstellt, von ihm nicht abgebildet, sondern durch ihn 'situiert'. konstruiert wird: Der „Satz ist keine Botschaft, die von einem Sender zu einem Empfänger – beide von ihm unabhängig – gelangt [...]. Sender und Empfänger werden im Universum, das der Satz darstellt, situiert, genauso wie dessen Referent und dessen Sinn." Es verhält sich also nicht so. daß wir Sätze formulieren oder schweigen; vielmehr „finden Sätze oder Schweigen statt (geschehen, passieren) und stellen damit die Universen dar, in denen Individuen [...] als Sender dieser Sätze und dieses Schweigens situiert sind". (Beide Zitate aus: Der Widerstreit, Nr. 18, S. 30f.). – Vgl. hierzu ferner Nr. 173, S. 196f.; Nr. 119, S. 128 und Nr. 120, S. 135 sowie zum Begriff des Satz-Universums Nr. 111, S. 125; Nr. 25, S. 34f.; Nr. 123, S. 136.

347 Lyotard, Der Widerstreit, Nr. 104. S. 119f.

Jeder Satz, könnte man sagen, führt ein 'Es gibt' mit sich, eine Darstellung, nämlich insofern er sich ereignet, vorfällt. Es geht in diesem Geben von Satz-Ereignissen zunächst rein um die 'Faktizität' (vorläufig formuliert) derselben, denn ihre qualitas (ihr „quid" im Unterschied zum „quod" ihres Vorfallens)[348], ihre Bedeutung entscheidet sich erst in der Verkettung mit anderen Sätzen, also zuletzt im nachhinein, denn es gibt eine „Menge möglicher Verkettungen (oder Diskursarten), nur ein einziges aktuelles 'Mal'."[349] – Oder anders gesagt: „Verketten ist notwendig, *eine* Verkettung nicht"[350], d.h. das *Daß* des Verkettens ist notwendig, nicht aber, *wie* verkettet wird.

Was bis hierher auffällt, ist eine bemerkenswerte Nähe zur 'Faktizität' autopoietischer Operationen, die es wie die Sätze in der Lyotardschen Konzeption nicht als erste gibt,[351] sondern nur in einem rekursiven Operationszusammenhang. Diese Nähe ist umso bemerkenswerter, als auch autopoietische Operationen nicht direkt beobachtbar sind, sondern nur anhand der von ihnen erzeugten Differenz in der Beobachtung durch ein Folgeereignis beobachtet werden können, wobei es die 'Faktizität' wie die 'Qualität' der erzeugten Differenz nur im Nachtrag der Beobachtung durch ein Folgeereignis gibt (also sowohl *daß* da etwas geäußert wurde als auch *wie diese bestimmte Information* mitgeteilt wurde).

Der entscheidende Punkt ist: Die Operationen von Sinnsystemen beobachten immer etwas, aber weder beobachten sie sich dabei selbst, noch können sie den Unterschied,

---

[348] Vgl. Lyotard, Der Widerstreit, Nr. 131, S. 140.

[349] Lyotard, Der Widerstreit, Nr. 184, S. 227.

[350] Lyotard, Der Widerstreit, Nr. 136, S. 142 (meine Hervorhebung, R.P.); vgl. ferner Nr. 102, S. 119. Angesichts der Mehrzahl möglicher Verkettungen stellt sich die Frage nach ihrer „Triftigkeit" (vgl. Nr. 136-143); diese scheint jedoch, wenn überhaupt – denn nicht alle Diskursarten weisen 'triftige' Verkettungsweisen aus (vgl. Nr. 136) –, nur im Rahmen einer Diskursart beantwortbar zu sein (vgl. Nr. 147f.). Aber auch eine solche Beantwortung bringt die Kontingenz der Verkettung nicht weg, denn was im Rahmen einer Diskursart ein triftiger Verkettungsmodus ist, ist es nicht notwendig auch in einer anderen Diskursart (vgl. Nr. 148: „Man wird *Zu den Waffen!* nicht mit *Sie haben gerade eine Vorschrift formuliert* weiter verketten, wenn es um dringlich gebotenes Handeln geht. Man wird es tun, wenn man Lachen hervorrufen will. Aber es gibt viele andere Mittel, um den Zweck zu erreichen.").

[351] Vgl. Lyotard, Der Widerstreit, Nr. 184, S. 227: „Es geschieht ein Satz. Wie wird sein Schicksal sein, welchem Zweck wird er untergeordnet sein, in welcher Diskursart wird er Platz finden? *Kein Satz ist der erste.*" (Meine Hervorhebung, R.P.) Und auch für Kommunikation gibt es keine „singulären Ereignisse" (Fuchs, Moderne Kommunikation, S. 25); vgl. entspr. oben Kap. 2.1 oder zusammenfassend die Fuchssche Formulierung: „Kommunikation startet (wie jeder ereignisbasierte autopoietische Prozeß) different, ohne ein 'erstes Mal'. Sie markiert den Unterschied, den sie in der Welt macht, nachursprünglich, zweistellig, als Re-präsentation, und nicht einmal das, wenn man sich klarmacht, daß der 'Ursprung' nur als 'Kopie' existiert, weil das 'Original' sich nicht beobachten läßt." (Ebd.). Entsprechend 'enden' autopoietische Systeme auch ohne ein 'letztes Mal': „Die erste [sc.: Operation, R.P.], könnte man sagen, identifiziert nichts, die letzte wird nicht identifiziert." (Fuchs, Die Umschrift, S. 22). Was nichts anderes heißt, als daß kein autopoietisches System sein Anfangen oder Enden beobachten kann – nur wenn es schon angefangen hat, kann es seinen Anfang im nachhinein erzählen. Vgl. hierzu ausführlicher Luhmann, Anfang und Ende, insbes. S. 19f.

den sie machen (die Differenz, die sie erzeugen), selber beobachten – diese Differenz bekommt ihre Faktizität im autopoietischen Geschehen (*daß* etwas anders ist als vorher) wie ihre Qualität (*was* anders ist als vorher) erst in der Beobachtung durch eine Folgeoperation. Unterscheidet man dergestalt zwischen Operation, Erzeugung eines Unterschieds und Beobachtung desselben im Nachtrag der Beobachtung durch eine Folgeoperation (für die selbst dann nichts anderes gilt), so findet jede Beobachtung eines erzeugten Unterschieds im Nachtrag statt, zeitverschoben. Das aber heißt nichts anderes, als daß die Aktualität jeder Operation als ein quasi zeit-loses 'Jetzt' verstanden werden kann – je 'jetzt', denn Operationen sind Ereignisse; quasi zeit-los, denn die Beobachtung durch eine Folgeoperation richtet sich nicht auf das entschwundene, bloße Jetzt, sondern auf den Unterschied, den dies gemacht hat; erst in diesen je zeitverschobenen Beobachtungsverhältnissen kann ein Beobachter dieses Verschiebungsprozesses 'Zeit' konstatieren.

Dieses bloße Jetzt der autopoietischen Operation[352] steht in äußerster Nähe zum Lyotardschen 'Es gibt': „Das *Es gibt* findet statt, ist ein Vorkommnis [sc.: ein Satz-Ereignis, R.P.] [...], aber es stellt nichts für niemanden dar, stellt sich nicht dar und ist weder das Anwesende noch die Anwesenheit. [...] Die Darstellung besteht darin, daß ein Satz geschieht. 'Als solcher' aber [...] ist er nicht in der Zeit."[353] – Das Darstellungs-Ereignis, „das als solches absolut (jetzt) ist"[354], ist also quasi 'außerhalb der Zeit'. Genau dieses absolute Darstellungsereignis ist gemeint, wenn Lyotard davon spricht, daß ein Satz ein 'Es gibt' mitführt.[355]

Entscheidend ist dabei: Das Darstellungsereignis kann zwar markiert werden, es kann *durch einen anderen* Satz *dargestellt* werden, wodurch die zuvor nur *mitgeführte* Darstellung situiert wird (nämlich durch diesen darstellenden anderen Satz). Jedoch auch dieser andere, darstellende Satz führt ein 'Es gibt' mit sich, nämlich in bezug auf sein eigenes Vorkommnis, das wiederum erst von einem anderen Satz dargestellt, situiert werden könnte. Kurz: Die Absolutheit des Geschehens, des Vorkommnisses eines Satzereignisses kann als solche immer nur mitgeführt, aber nicht dargestellt werden: „Sofern eine Darstellung 'setzbar' (denkbar) ist, wird sie als Vorkommnis verfehlt."[356]

---

[352] Vgl. SozA 6, S. 21: „Operation pur ist, was immer sie ist; ja man könnte ohne Beobachtung nicht einmal feststellen, daß sie ist und nicht vielmehr nicht ist." –Faßt man, wie oben vorgeschlagen, die 'Operation pur' als quasi vor-zeitliches 'je Jetzt' auf, dann entspricht 'Operation pur' tatsächlich dem Lyotardschen Darstellungs-Ereignis, dessen „jetzt" ganz genauso ein 'vor-zeitliches' ist, insofern 'Zeit' (einschließlich der zwischen Vergangenheit und Zukunft verschwindenden Gegenwart) erst in der Verknüpfung, Verkettung von Sätzen zustandekommt, indem in den Satz-Universen die Instanzen (Referent, Sender, Empfänger, Sinn) situiert und (in der Relation auf andere Satz-Universen) konstituiert werden. – Vgl. Lyotard, Der Widerstreit, S. 130ff.

[353] Lyotard, Der Widerstreit, S. 134.

[354] Lyotard, Der Widerstreit, S. 132: vgl. ferner ders., Das Inhumane, S. 108f.

[355] Vgl. hierzu und zum folgenden Lyotard, Der Widerstreit, S. 125 ff.

[356] Lyotard, Der Widerstreit, S. 134.

Und: Die *mitgeführte* Darstellung als solche *ist nicht*, sie ist das Undarstellbare – denn dargestellt von einem anderen Satz ist sie bloß noch „die Darstellung von einst"[357].

So ist für Lyotard das Undarstellbare genau in der Grenze zu denken, „daß *es geschieht*, daß etwas geschieht und nicht nichts"[358]; es gilt also, des Vorkommnisses eines weiteren Ereignisses eingedenk zu bleiben angesichts seiner Unvorgreiflichkeit – genau in der Grenze zwischen als Faktizität genommener, verdinglichter Gabe (dem bloßen Davon-Ausgehen, daß es schon ein weiteres Ereignis geben werde) und dem Entzug der Gabe, dem Abbruch, daß nichts mehr folgt.

Genau hier ist dann die Differenz zur Luhmannschen Systemtheorie markiert, die zwar die systemkonstituierenden, selbstreferentiellen Operationen nicht nur als bloße Fakten nimmt, gleichwohl an ihrer Faktizität festhält. Luhmann, einen seiner Kritiker zitierend, bemerkt: „'Wie [...] das Faktum der Selbstreferenz in die Welt kommen kann, bleibt mehr als rätselhaft' [...]. Gewiß, und richtig ist auch, daß solche Fragen durch zirkuläre Formulierungen nur abgewiesen werden, also als Erklärungsprobleme dekonstruiert werden. Aber eigentlich ist doch nur rätselhaft, wie man heute noch so fragen kann."[359] Oder in anderer Formulierung, die stärker noch die Frage nach dem 'Grund', nach dem In-die-Welt-Kommen selbstreferentieller Operationen zurückweist: „Die basale Operation bewirkt, sich selbst voraussetzend, Ausdifferenzierung. Deshalb kann auf diese Weise nichts anderes entstehen als ein selbstreferentielles autopoietisches System. Daß damit die Frage nach dem Anfang der Geschichte weder gestellt noch beantwortet ist, liegt auf der Hand. Das ist jedoch eine Angelegenheit für Spezialtheorien. Die bekannte Henne jedenfalls sollte sich nicht auf die Suche nach dem Ei begeben, aus dem sie entstanden ist, sondern lieber eins legen und gackern."[360]

Gibt es nun also bei Luhmann ein Erhabenes?

Die Antwort kann nur ein klares Jein sein: Ja, insofern man auf die Operatizität abstellt, die an sich selbst eine unbeobachtete bleibt; nein, insofern in keiner Weise „der Schock par excellence" zu konstatieren ist, „daß *es geschieht*, daß etwas geschieht und nicht nichts"[361], insofern die Möglichkeit, daß es keinen 'zweiten' Satz geben könnte, keineswegs als ungeheuer wahrgenommen wird.[362]

---

[357] Lyotard, Der Widerstreit, S. 133.
[358] Lyotard, Das Inhumane, S. 177.
[359] Luhmann, Bemerkungen zu „Selbstreferenz", S. 142.
[360] SozA 6, S. 181.
[361] Lyotard, Das Inhumane, S. 177.
[362] Ich paraphrasiere; vgl. Lyotard, Der Widerstreit, S. 140.

Das ganze Interesse der Systemtheorie geht allein auf die Unwahrscheinlichkeit des scheinbar Normalen[363] – aber nicht im Sinne eines Bedenkens der Unvorgreiflichkeit eines puren Daß, und auch nur sekundär in der Bestimmung eines Was, sondern im Überlegen des Wie, was dann auch das Wie des Daß und des Was einschließt. Damit ist noch einmal die Reihe 'Operation, Beobachtung erster Ordnung, Beobachtung zweiter Ordnung' genannt, was allein als Hinweis darauf dienen soll, daß mit der Umstellung auf Wie-Fragen der Unterscheidungsreichtum enorm ansteigt.

Und ganz entsprechend kann für Luhmann Kunst Beobachten lehren, was hier dann das Achten auf Unterscheidungen und ihre Kombination meint: Das Kunstwerk leitet durch die in ihm realisierten Unterscheidungskombinationen „den Beobachter an, eine Ordnung zu sehen, hinter der sich der unmarked state der imaginären Welt verbirgt. Es ist wichtig, daß dies nicht nur beiläufig geschieht wie in jedem Unterscheiden; denn dann würde man gar nicht sehen, daß man nicht sieht, was man nicht sieht, sondern eben nur auf das Unterschiedene achten. Der Beobachter wird vielmehr *als Beobachter* gefordert [...]. Er wird durch Autologie provoziert, zu beobachten, daß er beobachtet. [...] Es gelingt ihm [sc.: dem Kunstwerk, R.P.] nicht, die Welt, wie sie ist, sichtbar zu machen; denn die Welt ist kein ontologischer Sachverhalt. Es kann aber gelingen, das Kreuzen der Grenze innerhalb von Unterscheidungen, das Unterscheiden von Unterscheidungen und schließlich sogar die Paradoxie des Unsichtbarmachens durch Sichtbarmachen im Werk zu installieren. Und es könnte wichtig sein, daß eine Gesellschaft – und zwar gerade eine Gesellschaft, die ihrer eigenen Ordnung nicht mehr traut – diese Möglichkeit bereithält."[364]

Das heißt: Kunst hat es zwar mit der Beobachtung des Unbeobachtbaren zu tun, leistet dies aber durch Unterscheidungsreichtum, durch Anregung zum Beobachten; sie geht nicht auf das Unbeobachtbare als solches – was nach Luhmann wesentlich Sache der Religion ist und nicht der Kunst.

---

363 Vgl. SoSy, S. 162ff. und, mit Bezug auf Kommunikation, S. 217ff.
364 Luhmann, Weltkunst, S. 43. Die Funktion der Kunst, ihr Eigenbeitrag zur gesellschaftlichen Kommunikation läge dann möglicherweise darin, „zu zeigen, daß im Bereich des Möglichen Ordnung möglich ist." (Ebd., S. 38). Denn das Problem der modernen Gesellschaft liegt ja „nicht nur in der kausaltechnischen Fähigkeit, Ziele zu erreichen, und nicht nur im Wertkonflikt der Ziele, sondern sehr viel grundsätzlicher in der Konstruktion von abweichenden Verläufen und Ergebnissen. Und man muß dann fragen, wie die Welt das Risiko der Projektion anderer Möglichkeiten überhaupt tragen kann?" (Ebd., S. 38).
Noch anders gesagt und mit anderer Akzentsetzung: wenn Kunst Beobachten lehren kann und wenn sie dergestalt nicht nur das Achten auf die Kombination von Unterscheidungen lehrt, sondern auch auf die Paradoxiehaftigkeit allen Beobachtens aufmerksam machen kann, dann zeigt sie exemplarisch, wie sich Realität überhaupt konstruieren läßt. Und dies, daß Realität (als eine so oder anders erkannte) *in jedem Fall* eine konstruierte ist, wird, so scheint mir, in der modernen Gesellschaft immer noch mit Mißtrauen beäugt (man denke nur an den nicht abreißenden Manipulationsverdacht im Bereich journalistischer Berichterstattung).

Womit deutlich wird, daß für Luhmann die Philosophie keinen eigenen Ort, oder besser: keine eigene Aufgabe mehr hat. Wohingegen aus der Perspektive der Philosophie zu sagen wäre, daß sie wie die Systemtheorie ihre eigenen Voraussetzungen noch einholen kann, ihr dieselben aber im Unterschied zur Systemtheorie weder „blind" noch „Fleck" bleiben, sondern vielmehr thematisch werden als die unvorgreifliche und unverfügbare Möglichkeit von Welt.

Siglenverzeichnis

Alle Siglen beziehen sich auf Schriften von Niklas Luhmann.

BeobdM Beobachtungen der Moderne. Opladen 1992.

GdG Die Gesellschaft der Gesellschaft. Zwei Bände, Frankfurt a.M. 1997.

G&S Gesellschaftsstruktur und Semantik. Studien zur Wissenssoziologie der modernen Gesellschaft. 4 Bände. Frankfurt a.M.
Bd. 1: [1]1980.
Bd. 2: 1993 (Erstveröffentl. 1981).
Bd. 3: 1993 (Erstveröffentl. 1989).
Bd. 4: [1]1995.

KdG Die Kunst der Gesellschaft. Frankfurt a.M. 1995.

LaP Liebe als Passion. Zur Codierung von Intimität. Frankfurt a.M. [5]1984 ([1]1982).

ÖkKom Ökologische Kommunikation: Kann die moderne Gesellschaft sich auf ökologische Gefährdungen einstellen? Opladen [3]1990 ([1]1986).

RdG Das Recht der Gesellschaft. Frankfurt a.M. 1993.

SoSy Soziale Systeme. Grundriß einer allgemeinen Theorie. Frankfurt a.M. [4]1993 (Erstveröffentl. 1984).

SozA Soziologische Aufklärung. 6 Bände. Opladen.
Bd. 1: Aufsätze zur Theorie sozialer Systeme. [4]1974 ([1]1970).
Bd. 2: Aufsätze zur Theorie der Gesellschaft. [4]1991 ([1]1975).
Bd. 3: Soziales System, Gesellschaft, Organisation. [3]1993 ([1]1981).
Bd. 4: Beiträge zur funktionalen Differenzierung der Gesellschaft. 1987.
Bd. 5: Konstruktivistische Perspektiven. [2]1993 ([1]1990).
Bd. 6: Die Soziologie und der Mensch. 1995.

WirtdG Die Wirtschaft der Gesellschaft. Frankfurt a.M. 1994 (Erstveröffentl. 1988).

WissdG Die Wissenschaft der Gesellschaft. Frankfurt a.M. [2]1994 (Erstveröffentl. 1990).

Literatur- und Medienverzeichnis

Baraldi, Claudio; **Corsi**, Giancarlo; **Esposito**, Elena: GLU. Glossar zu Niklas Luhmanns Theorie sozialer Systeme. Frankfurt a.M. 1997.

Baudrillard, Jean: Der symbolische Tausch und der Tod. München 1991 (aus dem Französischen übersetzt von Gerd Bergfleth, Gabriele Ricke und Ronald Voullié; die Originalausgabe, L' échange symbolique et la mort, erschien 1976 bei Editions Gallimard, Paris).

Baecker, Dirk: Explosivstoff Selbstreferenz. In: Archiv für Rechts- und Sozialphilosophie, 72.1986, S. 246-256.

- Information und Risiko in der Marktwirtschaft. Frankfurt a.M. 1988.

- Die Dekonstruktion der Schachtel. Innen und Außen in der Architektur. In: Baecker, Dirk; Bunsen, Frederick; Luhmann, Niklas: Unbeobachtbare Welt. Über Kunst und Architektur. Bielefeld 1990, S. 67-104.

- Das Spiel mit der Form. In: Baecker, Dirk (Hg.): Probleme der Form. Frankfurt a.M. 1993, S. 148-158.

- Überlegungen zur Form des Gedächtnisses. In: Schmidt, Siegfried J. (Hg.): Gedächtnis. Probleme und Perspektiven der interdisziplinären Gedächtnisforschung. Frankfurt a.M. ²1992, S. 337-359.

- Die Unterscheidung zwischen Kommunikation und Bewußtsein. In: Krohn, Wolfgang; Küppers, Günter (Hg.): Emergenz. Die Entstehung von Ordnung, Organisation und Bedeutung. Frankfurt a.M. 1992, S. 217-268.

Baecker, Dirk; **Bunsen**, Frederick D.; **Luhmann**, Niklas: Das Kabelkalb. Ein Gespräch über Kunst. In: Dies.: Unbeobachtbare Welt. Über Kunst und Architektur. Bielefeld 1990, S. 51-66.

Baecker, Dirk u.a. (Hg.): Theorie als Passion. Niklas Luhmann zum 60. Geburtstag. Frankfurt a.M. 1987.

Beck, Ulrich: Risikogesellschaft. Auf dem Weg in eine andere Moderne. Frankfurt a.M. 1986.

Bendel, Klaus: Funktionale Differenzierung und gesellschaftliche Rationalität. Zu Niklas Luhmanns Konzeption des Verhältnisses von Selbstreferenz und Koordination in modernen Gesellschaften. In: Zeitschrift für Soziologie, 22.1993.4, S. 261-278.

– Selbstreferenz, Koordination und gesellschaftliche Steuerung. Zur Theorie der Autopoiesis sozialer Systeme bei Niklas Luhmann. Paffenweiler 1993.

Bohnen, Alfred: Die Systemtheorie und das Dogma von der Irreduzibilität des Sozialen. In: Zeitschrift für Soziologie, 23.1994.4, S. 292-305.

Der große **Brockhaus**. 16., völlig neubearb. Aufl. in 12 Bänden, Wiesbaden 1952ff. (Bd. 4: Wiesbaden 1954).

Buchmann, Miriam: Das Paradox der Struktur. Dekonstruktion und Unentscheidbarkeit im Früh- und Spätwerk Jacques Derridas. Magisterarbeit, Technische Universität Braunschweig (Seminar für Philosophie), September 1996.

Bude, Heinz: Das nervöse Selbst in der geschlossenen Welt des Sinns. Niklas Luhmann und Pierre Bourdieu im Vergleich. In: Merkur. Deutsche Zeitschrift für europäisches Denken, 44.1990, S. 429-433.

Bürschel, Wolfgang: Zum Begriff modernen ganzheitlichen Denkens. Studie zur Systemtheorie Luhmanns. Frankfurt a.M. 1990.

Deleuze, Gilles: Differenz und Wiederholung. München 1992 (Aus dem Französischen von Joseph Vogl, nach der 6. Aufl. von Différence et répétition, Paris: Presses Universitaires de France, 1989).

Derrida, Jacques: La différance. In: Ders.: Marges de la philosophie. Paris: Les Editions de Minuit 1972, S. 1-29.

– Différance. Englische Übersetzung von Alan Bass. In: Taylor, Mark C. (Hg.): Deconstruction in Context. Literature and Philosophy. Chicago, London 1986, S. 396-420.

Esposito, Elena: From self-reference to autology: how to operationalize a circular approach. In: Social Science Information, 35.1996.2, S. 269-281.

– Paradoxien als Unterscheidungen von Unterscheidungen. In: Gumbrecht, Hans Ulrich; Pfeiffer, K. Ludwig (Hg.): Paradoxien, Dissonanzen, Zusammenbrüche: Situationen offener Epistemologie. Frankfurt a.M. 1991, S. 35-57.

– Unlösbarkeit der Reflexionsprobleme. In: Soziale Systeme. Zeitschrift für soziologische Theorie, 3.1997.2, S. 379-392.

– Zwei-Seiten-Formen in der Sprache. In: Baecker, Dirk (Hg.): Probleme der Form. Frankfurt a.M. 1993, S. 88-119.

– Ein zweiwertiger nicht-selbständiger Kalkül. In: Baecker, Dirk (Hg.): Kalkül der Form, Frankfurt a.M. 1993, S. 96-111.

Flusser, Vilém: Die Schrift. Hat Schreiben Zukunft? Frankfurt a.M. 1993.

Foerster, Heinz von: Entdecken oder Erfinden: Wie läßt sich Verstehen verstehen? In: Einführung in den Konstruktivismus. München 1985, S. 27-68 (ohne Hg.; zugleich Bd. 10 der von Heinz Gumin und Armin Mohler herausgegebenen Schriften der Carl Friedrich von Siemens-Stiftung).

–   Das Gleichnis vom blinden Fleck: Über das Sehen im allgemeinen. In: Lischka, Gerhard Johann (Hg.): Der entfesselte Blick. Bern 1993, S. 15-47.

–   Wissen und Gewissen: Versuch einer Brücke. Frankfurt a.M. 1993 (hrsg. von Siegfried J. Schmidt, autorisierte Übersetzung aus dem Amerikanischen von Wolfram Karl Köck.).

Fuchs, Peter: Die Erreichbarkeit der Gesellschaft: Zur Konstruktion und Imagination gesellschaftlicher Einheit. Frankfurt a.M. 1992.

–   Facts. Diskussionsbeitrag vom 25.4.1997. In: Archiv der Luhmann-Mailingliste (Diskussionsforum zur soziologischen Systemtheorie Niklas Luhmanns), <http://sti1.uni-duisburg.de/Luhmann/maillist.html>.

–   Der Mensch – das Medium der Gesellschaft? In: Fuchs, Peter; Göbel, Andreas (Hg.): Der Mensch – das Medium der Gesellschaft? Frankfurt a.M. 1994, S. 15-39.

–   Moderne Kommunikation. Zur Theorie des operativen Displacements. Frankfurt a.M. 1993.

–   Niklas Luhmann – beobachtet. Eine Einführung in die Systemtheorie. Opladen 1992.

–   Die Umschrift. Zwei kommunikationstheoretische Studien: „Japanische Kommunikation" und „Autismus". Frankfurt a.M. 1995.

–   Weder Herd noch Heimstatt – Weder Fall noch Nichtfall. Doppelte Differenzierung im Mittelalter und in der Moderne. In: Soziale Systeme. Zeitschrift für soziologische Theorie, 3.1997.2, S. 413-437.

Glasersfeld, Ernst von: Wissen, Sprache und Wirklichkeit. Arbeiten zum radikalen Konstruktivismus. Braunschweig 1987 (Autorisierte Übersetzung aus dem Englischen von Wolfram K. Köck).

–   Siegener Gespräche über Radikale Konstruktivismus. In: Der Diskurs des Radikalen Konstruktivismus, hrsg. von Siegfried J. Schmidt, Frankfurt a.M. 1987, S. 401-440.

Görke, Alexander; **Kohring**, Matthias: Unterschiede, die Unterschiede machen: Neuere Theorieentwürfe zu Publizistik, Massenmedien und Journalismus. In: Publizistik. Vierteljahreshefte für Kommunikationsforschung, 41.1996.1, S. 15-31.

Gripp-Hagelstange, Helga: Niklas Luhmann. Eine erkenntnistheoretische Einführung. München 1995.

– Vom Sein zur Selbstreferentialität. Überlegungen zur Theorie autopoietischer Systeme Niklas Luhmanns. In: Deutsche Zeitschrift für Philosophie, 39.1991.1, S. 80-94.

Grünberger, Hans: Dehumanisierung der Gesellschaft und Verabschiedung staatlicher Souveränität: das Politische System in der Gesellschaftstheorie Niklas Luhmanns. In: Pipers Handbuch der politischen Ideen, hrsg. von Iring Fetscher und Herfried Münkler, Bd. 5; München, Zürich 1987, S. 620-633.

Grünberger, Hans; **Preyer**, Gerhard: Die Problemstufenordnung in der systemtheoretischen Argumentation Niklas Luhmanns. In: Soziale Welt, 31.1980, S. 48-67.

Habermas, Jürgen: Der philosophische Diskurs der Moderne. Zwölf Vorlesungen. Frankfurt a.M. [3]1991 (Erstveröffentlichung 1985).

Habermas, Jürgen; **Luhmann**, Niklas: Theorie der Gesellschaft oder Sozialtechnologie – Was leistet die Systemforschung? Frankfurt a.M. 1971.

Hahn, Alois: Konsensfiktionen in Kleingruppen. In: Kölner Zeitschrift für Soziologie und Sozialpsychologie, Sonderheft 25 (1983): Gruppensoziologie – Perspektiven und Materialien, hrsg. von Friedhelm Neidhardt, S. 210-232.

– Verständigung als Strategie. In: Haller, Max (Hg.): Kultur und Gesellschaft. Verhandlungen des 24. Deutschen Soziologentags, des 11. Österreichischen Soziologentags und des 8. Kongresses der Schweizerischen Gesellschaft für Soziologie in Zürich 1988. Frankfurt a.M. 1989, S. 346-359.

Hahn, Alois; **Jacob**, Rüdiger: Der Körper als soziales Bedeutungssystem. In: Fuchs, Peter; Göbel, Andreas (Hg.): Der Mensch – das Medium der Gesellschaft? Frankfurt a.M. 1994, S. 146-188.

Heidenescher, Mathias: Zurechnung als soziologische Kategorie. Zu Luhmanns Verständnis von Handlung als Systemleistung. In: Zeitschrift für Soziologie, 21.1992.6, S. 440-455.

Heider, Fritz: Ding und Medium. In: Symposion. Philosophische Zeitschrift für Forschung und Aussprache, 1.1927, S. 109-157.

Henckmann, Wolfhart; **Lotter**, Konrad (Hg.): Lexikon der Ästhetik. München 1992.

Kant, Immanuel: Kritik der reinen Vernunft. Hrsg. von Raymund Schmidt. Hamburg 1976.

Kiss, Gábor: Grundzüge und Entwicklung der Luhmannschen Systemtheorie. Stuttgart ²1990.

Kleger, Heinz: Lebenswelten und Systeme. Die Gesellschaft an den Grenzen ihrer Integration: Zur Kontroverse zwischen kritischer Theorie und Systemtheorie im Streit um die Position politischer Aufklärung. Zürich 1989.

Kneer, Georg: Bestandserhaltung und Reflexion. Zur kritischen Reformulierung gesellschaftlicher Rationalität. In: Krawietz, Werner; Welker, Michael (Hg.): Kritik der Theorie sozialer Systeme. Auseinandersetzungen mit Luhmanns Hauptwerk. Frankfurt a.M. 1992, S. 86-112.

– Rationalisierung, Disziplinierung und Differenzierung. Zum Zusammenhang von Sozialtheorie und Zeitdiagnose bei Jürgen Habermas, Michel Foucault und Niklas Luhmann. Opladen 1996.

Kneer, Georg; **Nassehi**, Armin: Niklas Luhmanns Theorie sozialer Systeme. Eine Einführung. München 1993.

– Verstehen des Verstehens. Eine systemtheoretische Revision der Hermeneutik. In: Zeitschrift für Soziologie, 20.1991.5, S. 341-356.

Knorr Cetina, Karin: Zur Unterkomplexität der Differenzierungstheorie. Empirische Anfragen an die Systemtheorie. In: Zeitschrift für Soziologie, 21.1992.6, S. 406-419.

Kraft, Volker: Systemtheorie des Verstehens. Frankfurt a.M. 1989.

Krause, Detlef: Luhmann-Lexikon. Eine Einführung in das Gesamtwerk von Niklas Luhmann mit 25 Abbildungen und über 400 Stichworten. Stuttgart 1996.

Künzler, Jan: Grundlagenprobleme der Theorie symbolisch generalisierter Medien bei Niklas Luhmann. In: Zeitschrift für Soziologie, 16.1987.5, S. 317-333.

– Medien und Gesellschaft. Die Medienkonzepte von Talcott Parsons, Jürgen Habermas und Niklas Luhmann. Stuttgart 1989.

Lipp, Wolfgang: Autopoiesis biologisch, Autopoiesis soziologisch. Wohin führt Luhmanns Paradigmawechsel? In: Kölner Zeitschrift für Soziologie und Sozialpsychologie, 39.1987, S. 452-470.

Luhmann, Niklas: Am Ende der kritischen Soziologie. In: Zeitschrift für Soziologie, 20.1991.2, S. 147-152.

– Anfang und Ende. Probleme einer Unterscheidung. In: Luhmann, Niklas; Schorr, Karl Eberhard (Hg.): Zwischen Anfang und Ende: Fragen an die Pädagogik. Frankfurt a.M. 1990, S. 11-23.

- Autopoiesis als soziologischer Begriff. In: Haferkamp, Hans; Schmid, Michael (Hg.): Sinn, Kommunikation und soziale Differenzierung. Beiträge zu Luhmanns Theorie sozialer Systeme. Frankfurt a.M. 1987, S. 307-324.

- Bemerkungen zu „Selbstreferenz" und zu „Differenzierung" aus Anlaß von Beiträgen im Heft 6, 1992, der Zeitschrift Soziologie. In: Zeitschrift für Soziologie, 22.1993.2, S. 141-144.

- Deconstruction as Second-Order Observing. In: New Literary History, 24.1993, S. 763-782.

- Erkenntnis als Konstruktion. Bern 1988.

- The Evolutionary Differentiation between Society and Interaction. In: Alexander, Jeffrey C.; Giesen, Bernhard; Münch, Richard; Smelser, Neil J. (Hg.): The Micro-Macro Link. Berkeley, London, Los Angelos 1987, S. 112-131.

- Gesellschaft als Differenz. Zu den Beiträgen von Gerhard Wagner und von Alfred Bohnen in Zeitschrift für Soziologie Heft 4 (1994). In: Zeitschrift für Soziologie, 23.1994.6, S. 477-481.

- „Ich denke primär historisch". Religionssoziologische Perspektiven. Ein Gespräch mit Fragen von Detlef Pollack. In: Deutsche Zeitschrift für Philosophie, 39.1991.9, S. 937-956.

- Die Lebenswelt – nach Rücksprache mit den Phänomenologen. In: Archiv für Rechts- und Sozialphilosophie, 72.1986, S. 176-194.

- Organisation. In: Küpper, Willi; Ortmann, Günther (Hg.): Mikropolitik: Rationalität, Macht und Spiele in Organisationen. Opladen 1988, S. 165-185.

- Die Paradoxie der Form. In: Baecker, Dirk (Hg.): Kalkül der Form. Frankfurt a.M. 1993, S. 197-212.

- Politische Steuerung: Ein Diskussionsbeitrag. In: Politische Vierteljahresschrift, 30.1989.1, S. 4-9.

- Die Realität der Massenmedien. Opladen, 2. erw. Aufl. 1996 ([1]1995).

- Selbstorganisation und Mikrodiversität: Zur Wissenssoziologie des neuzeitlichen Individualismus. In: Soziale Systeme. Zeitschrift für soziologische Theorie, 3.1997.1, S. 23-32.

- Soziologie der Moral. In: Luhmann, Niklas; Pfürtner, Stephan H. (Hg.): Theorietechnik und Moral. Frankfurt a.M. 1978, S. 8-116.

- Die soziologische Beobachtung des Rechts. Frankfurt a.M. 1985.

– Sprache und Kommunikationsmedien. Ein schieflaufender Vergleich. In: Zeitschrift für Soziologie, 16.1987.6, S. 467-468.

– Stellungnahme. In: Krawietz, Werner; Welker, Michael (Hg.): Kritik der Theorie sozialer Systeme: Auseinandersetzungen mit Luhmanns Hauptwerk. Frankfurt a.M. 1992, S. 371-386.

– Sthenographie. In: Niklas Luhmann, Umberto Maturana, Mikio Namiki, Volker Redder, Francisco Varela: Beobachter. Konvergenz der Erkenntnistheorien? München 1990, S. 119-137.

– Sthenographie und Euryalistik. In: Gumbrecht, Hans Ulrich; Pfeiffer, K. Ludwig (Hg.): Paradoxien, Dissonanzen, Zusammenbrüche: Situationen offener Epistemologie. Frankfurt a.M. 1991, S. 58-82.

– Systeme verstehen Systeme. In: Luhmann, Niklas; Schorr, Karl Eberhard (Hg.): Zwischen Intransparenz und Verstehen. Fragen an die Pädagogik. Frankfurt a.M. 1986, S. 72-117.

– Tautologie und Paradoxie in den Selbstbeschreibungen der modernen Gesellschaft. In: Zeitschrift für Soziologie, 16.1987.3, S. 161-174.

– Theorie der Gesellschaft. Vorlesung im WS 1992/1993 an der Universität Bielefeld. 14 Cassetten. Heidelberg: Carl-Auer-Systeme Verlag.

– Über systemtheoretische Grundlagen der Gesellschaftstheorie. In: Deutsche Zeitschrift für Philosophie, 38.1990.3, S. 277-284.

– Universität als Milieu. Bielefeld 1992.

– „Was ist der Fall?" und „Was steckt dahinter?" Die zwei Soziologien und die Gesellschaftstheorie. Hrsg. von der Presse- und Informationsstelle der Universität Bielefeld, Bielefeld 1993.

– Weltkunst. In: Baecker, Dirk; Bunsen, Frederick D.; Luhmann, Niklas: Unbeobachtbare Welt. Über Kunst und Architektur. Bielefeld 1990, S. 7-45.

– Wer kennt Wil Martens? Eine Anmerkung zum Problem der Emergenz sozialer Systeme. In: Kölner Zeitschrift für Soziologie und Sozialpsychologie, 44.1992.1, S. 139-142.

– Wie lassen sich latente Strukturen beobachten? In: Watzlawick, Paul; Krieg, Paul (Hg.): Das Auge des Betrachters. Festschrift für Heinz von Foerster. München, Zürich 1991, S. 61-74.

- The World Society as a Social System. In: Geyer, Felix; van der Zouwen, Johannes (Hg.): Dependence and Inequality: A Systems Approach to the Problems of Mexico and Other Developing Countries. Oxford 1982, S. 295-306.

- Zeichen als Form. In: Baecker, Dirk (Hg.): Probleme der Form. Frankfurt a.M. 1993, S. 45-69.

- Zeit und Gedächtnis. In: Soziale Systeme. Zeitschrift für soziologische Theorie, 2.1996.2, S. 307-330.

Luhmann mailing list: <http://sti1.uni-duisburg.de/Luhmann/maillist.html>

Lyotard, Jean-Francois: Das Inhumane. Plaudereien über die Zeit. Wien 1989 (aus dem Französischen von Christine Pries, die französische Originalausgabe, L'inhumain: Causeries sur le temps, erschien 1988 bei Editions Galilée, Paris).

- Das Undarstellbare – wider das Vergessen. Ein Gespräch zwischen Jean-Francois Lyotard und Christine Pries. In: Pries, Christine (Hg.): Das Erhabene. Zwischen Grenzerfahrung und Größenwahn. Weinheim 1989, S. 319-347 (aus dem Französischen übersetzt von Christine Pries).

- Der Widerstreit. München, 2. korrigierte Aufl. 1989 (aus dem Französischen übersetzt von Joseph Vogl; die Originalausgabe, Le Différend, erschien bei Les Editions de Minuit, Paris 1983).

Mader, Helmut: Zu Luhmanns Aufsatz: „Die Wirtschaft der Gesellschaft als autopoietisches System". In: Zeitschrift für Soziologie, 14.1985.4, S. 330-332.

Markowitz, Jürgen: Referenz und Emergenz. Zum Verhältnis von psychischen und sozialen Systemen. In: Systeme. Interdisziplinäre Zeitschrift für systemtheoretisch orientierte Forschung und Praxis in den Humanwissenschaften, 1991.1, S. 22-46.

Martens, Wil: Die Autopoiesis sozialer Systeme. In: Kölner Zeitschrift für Soziologie und Sozialpsychologie, 43.1991.4, S. 625-646.

- Die partielle Überschneidung autopoietischer Systeme. Eine Erwiderung. In: Kölner Zeitschrift für Soziologie und Sozialpsychologie, 44.1992.1, S. 143-145.

Maturana, Humberto; **Varela**, Francisco: Der Baum der Erkenntnis. Die biologischen Wurzeln des menschlichen Erkennens. Bern, München, Wien [3]1987 (autorisierte Übersetzung der spanischen Originalausgabe „El árbol del conocimiento", 1984, von Kurt Ludewig).

Menzel, Ulrich: Das Ende der dritten Welt und das Scheitern der großen Theorien. Frankfurt a.M. 1992.

– Der Strukturwandel der Weltwirtschaft und seine Konsequenzen für die internationale Wirtschaftsordnung. Manuskript, Braunschweig 1993.

– Virtuelle Transfers ersetzen reale Beziehungen. Die Struktur der Weltwirtschaft wird sich radikal ändern. In: Frankfurter Rundschau, 14.6.1993, S. 16.

– Wenn sich die Finanzwelt von der Warenwelt verselbständigt: Die Globalisierung und die Grenzen des Sozialstaats. Anmerkungen zu einem Schlagwort. In: Frankfurter Rundschau, 5.10.1996, S. 16.

Meuter, Norbert: Narrative Identität. Das Problem der personalen Identität im Anschluß an Ernst Tugendhat, Niklas Luhmann und Paul Ricoeur. Stuttgart 1995.

Nassehi, Armin: Das Identische „ist" das Nicht-Identische. Bemerkungen zu einer theoretischen Diskussion um Identität und Differenz. In: Zeitschrift für Soziologie, 22.1993.6, S. 477-481.

– Die Zeit der Gesellschaft. Auf dem Weg zu einer soziologischen Theorie der Zeit. Opladen 1993.

Nassehi, Armin; **Nollmann**, Gerd: Inklusionen. Organisationssoziologische Ergänzungen der Inklusions-/Exklusionstheorie. In: Soziale Systeme. Zeitschrift für soziologische Theorie, 3.1997.2, S. 393-411.

Obermeier, Otto-Peter: Zweck – Funktion – System. Kritisch konstruktive Untersuchung zu Niklas Luhmanns Theoriekonzeptionen. Freiburg 1988.

Otto, M.A.C.: Der Anfang. Eine philosophische Meditation über die Möglichkeit des Wirklichen. Freiburg, München 1975.

– Der Ort. Phänomenologische Variationen. Freiburg, München 1992.

Pfeiffer, Riccarda: Massenmedien und Individualität: Anmerkungen zur Bildung persönlicher Identität. In: FFK 9: Dokumentation des 9. Film- und Fernsehwissenschaftlichen Kolloquiums an der Bauhaus-Universität Weimar im Oktober 1996, hrsg. von Britta Neitzel. Weimar 1997, S. 255-270.

Pfütze, Hermann: Theorie ohne Bewußtsein. Zu Niklas Luhmanns Gedankenkonstruktion. In: Merkur. Deutsche Zeitschrift für europäisches Denken, 42.1988, S. 300-314.

Podak, Klaus: Ohne Subjekt, ohne Vernunft. Bei der Lektüre von Niklas Luhmanns Hauptwerk 'Soziale Systeme'. In: Merkur. Deutsche Zeitschrift für europäisches Denken, 38.1984, S. 733-745.

115

Pollack, Detlef: Möglichkeiten und Grenzen einer funktionalen Religionsanalyse. Zum religionssoziologischen Ansatz Niklas Luhmanns. In: Deutsche Zeitschrift für Philosophie, 39.1991.9, S. 957-975.

Postman, Neil: Wir amüsieren uns zu Tode. Urteilsbildung im Zeitalter der Unterhaltungsindustrie. Frankfurt a.M. 1985 (aus dem Amerikanischen übersetzt von Reinhard Kaiser, Titel der amerikan. Originalausgabe: Amusing Ourselves to Death. Public Discourse in the Age of Show Business. New York: Viking-Penguin, 1985).

Regelmann, Johann-Peter; Schramm, Engelbert (Hg.): Wissenschaft der Wendezeit: Systemtheorie als Alternative? Frankfurt a.M. 1986.

Reese-Schäfer, Walter: Luhmann zur Einführung. Hamburg 1992.

Roth, Gerhard: Kognition. Die Entstehung von Bedeutung im Gehirn. In: Krohn, Wolfgang; Küppers, Wolfgang (Hg.): Emergenz. Die Entstehung von Ordnung, Organisation und Bedeutung. Frankfurt a.M. 1992, S. 104-133.

Schäfer, Claus: Die Spirale der sozialen Polarisierung. Über die extrem ungleiche Einkommensentwicklung bei Unternehmen und Arbeitnehmern und die falschen Vorbilder der deutschen Steuerpolitik. In: Frankfurter Rundschau, 28.11.1996, S. 12.

Scheier, Claus-Artur: Die Sprache spricht. Heideggers Tautologien. In: Zeitschrift für philosophische Forschung, 47.1993.1, S. 60-74.

– Wie erhaben ist das Sublime? Vortrag 1994 auf der Tagung „Die deutsch-französischen Dialoge in der Philosophie" der Heinrich Heine-Universität Düsseldorf in Verbindung mit dem Institut Français (noch nicht veröffentlicht; das Manuskript stand mir dankenswerterweise zur Verfügung).

Schmidt, Siegfried J.: Der Radikale Konstruktivismus: Ein neues Paradigma im interdisziplinären Diskurs. In: Ders. (Hg.): Der Diskurs des Radikalen Konstruktivismus, Frankfurt a.M. 1987, S. 11-88.

– Die Selbstorganisation des Sozialsystems Literatur im 18. Jahrhundert. Frankfurt a.M. 1989.

Schneider, Wolfgang Ludwig: Die Beobachtung von Kommunikation. Zur kommunikativen Konstruktion sozialen Handelns. Opladen 1994.

– Hermeneutik sozialer Systeme. Konvergenzen zwischen Systemtheorie und philosophischer Hermeneutik. In: Zeitschrift für Soziologie, 21.1992.6, S. 420-439.

– Objektives Verstehen. Rekonstruktion eines Paradigmas: Gadamer, Popper, Toulmin, Luhmann. Opladen 1991.

Scholz, Frithard: Freiheit als Indifferenz. Alteuropäische Probleme mit der Systemtheorie Niklas Luhmanns. Frankfurt a.m. 1982.

Schulte, Günter: Der blinde Fleck in Luhmanns Systemtheorie. Frankfurt a.m., New York 1993.

Simon, Fritz B.: Mathematik und Erkenntnis: *Eine* Möglichkeit, die „Laws of Form" zu lesen. In: Baecker, Dirk (Hg.): Kalkül der Form. Frankfurt a.m. 1993, S. 38-57.

Soentgen, Jens: Der Bau. Betrachtungen zu einer Metapher der Luhmannschen Systemtheorie. In: Zeitschrift für Soziologie, 21.1992.6, S. 456-466.

Spencer Brown, George: Laws of Form. New York [2]1972 ([1]1969).

Stichweh, Rudolf: Inklusion/Exklusion, funktionale Differenzierung und die Theorie der Weltgesellschaft. In: Soziale Systeme. Zeitschrift für soziologische Theorie, 3.1997.1, S. 123-136.

– Zur Theorie der Weltgesellschaft. In: Soziale Systeme. Zeitschrift für soziologische Theorie, 1.1995.1, S. 29-44.

Thomas, Günter: Welt als relative Einheit oder als Letzthorizont? Zur Azentrizität des Weltbegriffs. In: Krawietz, Werner; Welker, Michael (Hg.): Kritik der Theorie sozialer Systeme. Auseinandersetzungen mit Luhmanns Hauptwerk. Frankfurt a.M. 1992, S. 327-354.

Unverferth, Hans-Jürgen (Hg.): System und Selbstreproduktion. Zur Erschließung eines neuen Paradigmas in den Sozialwissenschaften. Frankfurt a.M. 1986.

Wagner, Gerhard: Am Ende der systemtheoretischen Soziologie. Niklas Luhmann und die Dialektik. In: Zeitschrift für Soziologie, 23.1994.4, S. 275-291.

Wagner, Gerhard; **Zipprian**, Heinz: Identität oder Differenz? Bemerkungen zu einer Aporie in Niklas Luhmanns Theorie selbstreferentieller Systeme. In: Zeitschrift für Soziologie, 21.1992.6, S. 394-405.

Welsch, Wolfgang: Unsere postmoderne Moderne. Weinheim 1987.

Zolo, Danilo: Reflexive Selbstbegründung der Soziologie und Autopoiesis. In: Soziale Welt, 36.1985, S. 519-533.

Sachregister